日本人投手がメジャーで故障する理由

小宮山 悟

双葉社

序章

日本人ピッチャーはレベルが高い。これは私だけでなく、メジャー球団のスカウトの一致した見方であるが、理由はいくつかある。

まずコントロールがよいこと。メジャーでもクレイトン・カーショー（ロサンゼルス・ドジャース）やマックス・シャーザー（ワシントン・ナショナルズ）らサイ・ヤング賞を獲ったピッチャーはもちろんのこと、ローテーションに入るようなトップクラスのピッチャーのレベルは高いが、投げてみなければどこに行くかわからないというピッチャーもゴロゴロいる。

それに90マイル（145キロ）以上投げられるピッチャーだって、日本には多いし、牽制や投内連係などのフィールディングの面でもハイレベルにある。ゆえにメジャーの各球団は日本人ピッチャーを獲得する場合、即戦力とみなして獲得するケースが多い。同じ日本人として誇らしい限りだ。

その一方でメジャーの舞台で投げた日本人ピッチャーに、ひじの故障が多いのも事実である。

2015年3月5日、シーズン開幕を1ヵ月後に控えたテキサス・レンジャーズのスプリングキャンプ後のオープン戦で初登板したダルビッシュ有が、右上腕三頭筋の張りを訴え、わずか12球で降板。翌日に受けたMRI検査で、右ひじ内側側副靱帯の部分断裂が判明すると、トミー・ジョン手術を受けることを13日に発表、17日に手術を受けた。

前年、鳴り物入りでニューヨーク・ヤンキースに入団した田中将大が、7月に右ひじの靭帯の部分断裂で全治6週間と診断され、PRP(Platelet Rich Plasma・自己多血小板血漿《しょう》)療法という保存療法で、リハビリを行なって復帰したものの、故障前の勢いは止まり、勝ったり負けたりの投球が続いていた。それだけに、ダルビッシュのケガに、「またひじか」という思いを抱いたプロ野球ファンも少なくなかったはずだ。

それと同時に、「日米における野球とベースボールの違いが、日本人の有望な投手のケガを招いた」などという論調も、一部のマスコミから聞かれるようになってきた。

中4日は日本人投手には合わない、ボールの質が日米では違いすぎる、日本のマウンドが軟らかいのに対して、アメリカは逆に硬すぎる、そもそも甲子園という高校野球の大会そのものが、若い肉体にダメージを負わせているのではないか、などといった声が理由として上がっているが、日米両方のマウンドを経験した私にしてみれば、的を射ている答えもあれば、そうでないものもあるように見える。

そもそもこのようなひじの故障は防ごうと思えば防げるものなのか、「メジャーに行くと、ピッチャーはみんなケガをしているイメージがある」というのであれば、アメリカに行かずに日本だけでキャリアを終わらせることがベストなのか、という点について、本書では順を追って述べていきたい。

日本人投手がメジャーで故障する理由　小宮山 悟

第七章 メジャーで過ごした1年間が、私の野球人生に深みを与えてくれた 165

あとがき 186

協力　株式会社ＲＡＭ ＳＰＯＲＴＳ
構成　小山宣宏
編集　谷水輝久（双葉社）

カバー・表紙デザイン　柳澤健祐
本文デザイン　間宮麻衣＋マミアナグラフィックス
カバーイラスト　茂本ヒデキチ
写真（ボール）　椎葉恒吉

第一章　日本人投手が次々と故障する要因とは

ひじの故障、それは突然やってきた

私も現役時代に右ひじの故障をしたことがある。今から21年前の1994年は、プロとしてのキャリアが5年目を迎え、それまでの4年間で36勝、二桁勝利も2度経験していた私は、心技体ともにもっとも充実した年になる……はずだった。

しかし、この年はプロ入り以来、最低の年ともいえる成績で、シーズンを通しての勝ち星はわずか3勝に終わったのである。

そうしたなか、右ひじの痛みは突然やってきた。シーズンに入って2ヵ月後の5月のある日、私は先発で投げることになっていたのだが、朝、洗面所で顔を洗おうとしたら、水はすくえるものの、顔まで手が上がらないことに気がついた。

「もうダメだ」、このとき観念した私は、すぐに球団とトレーナーに電話を入れ、球場に行って腕の具合を確認してもらい、予告先発をキャンセルし、トレーナーと一緒に神奈川県横浜市の昭和大学藤が丘病院に向かった。ここは前年の93年に引退された先輩であり恩人でもある牛島和彦さんが、肩の故障をした際にお世話になっていた病院で、私自身もすでに主治医として診てもらっていた。

とにかくひじの痛みの原因が何であるのか、いち早く知りたいという心境だった。

そうして診断を受けた結果は、「右ひじ内側側副靭帯部分断裂・オペ適用」。普通ならばショックを受けるところかもしれないが、私は違った。ひじの痛みの原因がはっきりとしたことのほうが大きかった。

そして必要であればひじの回復手術をすることだって厭《いと》わなかった。手術をして、1年半から2年のリハビリ期間を経て、これまで通りに投げられるのであれば、手術したほうが絶対プラスになる。そう信じて疑わなかった。

「手術するなら、すぐにでもしてください」

1分1秒でも早いほうがいい。私の決断は早かった。だが、隣にいたトレーナーからは、

「ちょっと待て。お前の判断だけで手術なんて決めることはできないぞ」

すぐに止められた。さらに診察していただいた先生も、手術に関しては躊躇している様子だった。もしこの病院でプロ野球選手の腱移植の手術をすることになれば、初めてのケースになるということも影響していたかもしれない。唯一、スポーツ整形外科の筒井廣明先生からは、「手術してみなさい」と言っていただいたものの、手術するか否かについては、この日は結論を出せなかった。

そこで私は球団からの指示で別の病院でも診てもらうことになった。いわゆるセカンド・オピニオンである。そこでの回答もやはり「手術をせずにもう少し、様子を見てみましょう」ということだった。

「休養期間を設けながら治療して、その後、多少無理をして投げられるのであれば、手術はしなくても大丈夫かもしれない」というのが医師の判断だった。プロに入って5年目を迎え、コンディションづくりにはそれなりに自信もあったため、私自身、手術という手段は選ばず、病院側とプロジェクトチームを組んで、治療とリハビリを行ないながら、ひじの回復を待つことにした。

ひじの治療とリハビリは、想像以上に地道な作業の繰り返しだった。靭帯そのものは再生されないので、まず靭帯周辺の痛めている箇所の炎症をとり、それがおさまったら靭帯の周囲の筋肉を鍛えていく、というものだった。

このときばかりは私も好き勝手に鍛えたりすることはできなかったので、担当していただいた先生と綿密に相談しながらリハビリメニューを決めていった。

そうして治療を始めてから3週間後、腕の腫れと痛みがとれてから軽くキャッチボールを始めた。当初は痛みがないか、おそるおそる投げていたが、徐々に距離を伸ばし、少しずつ力を入れて投げ、翌日に痛みが残っていないか確認する、ということを繰り返した。

その結果、オールスター明けの7月下旬、私は戦列復帰することができた。ひじの痛みからリタイアし、病院で診察を受けてから2ヵ月後のことである。

今思えば、手術をしなかったのは正解だった。このとき私は28歳。もし手術に失敗して、思うような結果が得られなければ、球団から契約を解除されていたかもしれないし、30歳手前のピッチャーに2年も3年もリハビリ期間を設けてくれるとも思えなかった。

ロッテにはかつて、トミー・ジョン手術をして復帰した村田兆治さんという大投手がいた。村田さんはチームを日本一に導き、数々のタイトルを獲得した功労者だ。そのときの私には村田さんほどの実績がなかったし、いくらローテーションに入っていたとはいえ、若い有望なピッチャーが出てくれば、その座を奪われてしまっていたかもしれない。

ただし、そう考える一方で、再びひじの痛みが我慢できないものになり、手術という選択を迫られたら、そのときは手術を受け入れようと思っていたのも、また事実である。なぜなら、復帰後も私のひじは完治したわけではなく、常に痛みとの闘いだったからだ。

私が「田中は手術をしたほうがいい」と言い続けたワケ

昨年、田中が右ひじを故障したとき、私はメディアを通じて「手術をしたほうがいい」

と言い続けた。自分自身は手術を回避したのにどうして、と思う方がいるかもしれないが、田中が故障したのは25歳と、私が故障したときより3歳若かったのが大きな理由だ。

年齢が若いことは大きなアドバンテージになる。肘の靭帯を断裂してしまった場合、トミー・ジョン手術をして完治すれば、その後、ひじの痛みを気にすることなく投げ続けることができる。メジャーリーグのピッチャーが、手術に踏み切るのは、その後完治さえすれば、ストレスを感じることなく、思う存分投げることができるからだ。

それに私自身、手術を回避し、治療とリハビリ期間を経てから、いざ実戦のマウンドに復帰したものの、右ひじの痛みが消えることはなかった。試合ともなれば、力の入れ具合は練習とはまったく違うものだし、疲労度も倍増する。しかも登板後には、痛みだけでなく、尋常ではないほどひじが腫れ上がり、熱を帯びていた。

幸いにも私はコントロールと投球術という武器を持っていたので、なんとかしのぐことができたが、それでも先発して投げた日には、痛みと常に向き合わざるを得なかった。後述するが、この年のオフ、新監督に就任したボビー・バレンタインとともに来日した臨時ピッチングコーチのトム・ハウスさんから、〝おとなしく投げる〟ピッチングフォームを身につけたが、それでもひじの痛みは常にあった。

その感覚を私は知っていたからこそ、「田中は手術をしたほうがいい」と言い続けたのだ。「手術したほうがいい」というドクターがひとりでもいたなら、迷うことなく手術をしたほうがいい。そう思っていた。

ダルビッシュの場合、靭帯断裂しており、セカンドオピニオンを含め、「選択肢としては手術しかない」というドクターの診断があったことから、本人は手術を受けるという道を選んだのだと思う。

だが、田中の場合は、3人のチームドクターから「保存治療でなんとかなる」と診断された。ヤンキースの上層部にしてみれば、田中を獲得するために200億円近くも投資している。手術して2年投げられないともなれば、「何やってんだ」とファンからブーイングを浴びることだって容易に想像できる。

ただし、田中の今後を思うと、手術しなかったことが正解といえるかどうか。リハビリをしてから復帰し、その後に右ひじの痛みが再発すれば、そのときこそ手術が必要になってしまう。そうなった時点で、その年のシーズンはジ・エンドとなる。田中の決断ははたして正しかったのかどうか、あとは今後のなりゆきを見守るしかない。

子どもの頃の投げすぎは、ひじや肩に影響を及ぼす

よく「ひじに負担のかかる球種はなんですか?」と聞かれることがあるが、私は迷うことなく「スライダー」と答えている。

スライダーは、ストレートの握りをやや中指側にずらして握り、ボールをリリースする際には、そろえた人差し指と中指を空に向けるように上向きに立て、中指の腹で素早くボールを切る。このときのボールの切り方によって、タテに変化するか、横にスライドするかが決まる。

そしてこのとき、ストレートと同じ腕の振りをすることが求められる。ストレートは自然と内から外にひじが内施されるが、スライダーは腕を外側にひねるため、ひじの損傷のリスクを無視できない。さらにひじだけでなく、肩や下半身にも相当負担がかかる。バッターを打ち取れる確率は高いが、若いうちに多投しすぎると、故障しやすい球種ともいえる。

私はスライダーの多投以上に、若いピッチャーが身体のできあがっていない時期から投げすぎていることが、ひじを痛めるより大きな原因ではないかと考えている。

小中学生のうちは、まだ身体が成長途上でできあがっていない。骨と筋肉の成長バランスが整っていないために、投げすぎることでひじや肩、あるいは股関節やひざといった関節部分に障害を起こす可能性が高まる。

とくにプロに入れるほどのレベルのピッチャーの場合、そのほとんどが幼少期から投げ続けているものだ。地区予選や県大会レベルだと、涼しい顔をして自分の実力の半分程度の力で相手打線を抑えることができても、全国大会に出るともなれば、それまで見たこともない強打者や好投手に遭遇することだってある。

このときチームを勝利に導こうと力投すれば、100％かそれ以上の力で相手チームをねじ伏せようとする。その分だけ肩やひじにストレスがかかるので、それが継続していくと、最終的に関節内外に元に戻らない傷ができてしまうこともある。

野球に勝敗がついてくる以上、「負けたくない」という気持ちを持つことは、たしかに大切なことだ。しかし、その思いに輪をかけて、監督やコーチといったチームの指導的な立場の大人が、「お前たち、負けるんじゃないぞ！」と猛烈な発破《はっぱ》をかけて、子どもたちを鼓舞すれば、当然子どもたちだってその言葉に乗せられてしまう。

そうして無理に無理を重ねてきた結果、早いうちから身体のどこかしこに痛みを抱えたままプレーしてしまう、なんてことにだってなりかねないのだ。

その点でいえば、日本よりもアメリカのほうが子どもたちは守られている。たとえばアメリカのリトルリーグでは子どもたちの身体の発育を優先し、野球の勝敗や技術は度外視している。だが、身体が成長して大人の身体に近づくと、徹底的に技術を磨かせるのだ。

今でこそ、日本のリトルリーグでは選手の起用法についてのルールが整備されてきたが、リトルリーグを経験した、現在30歳前後の元野球少年たちの時代は、無茶な選手起用が多かったと聞く。将来プロを目指したいのであれば、多少過酷な環境下で鍛えることも方法のひとつなのかもしれないが、そうでない場合は、自分がどのレベルのチームに所属するのがよいかをしっかり考える必要がある。

「あのライアンだって打たれるんだ」、そのひと言で決意した

右ひじの故障を経験してから、私の考え方は大きく変わった。大学時代、そしてプロ入りしてからも、「身体全体を使って力強く投げること」が当たり前のように思っていた。だが、トム・ハウスさんと出会い、トムさんの考え方を聞いてからは、そうではないことに気づかされた。

トムさんは、160キロを超える剛速球を武器に、ノーヒットノーランを7回も達成し

たメジャー史上最高の奪三振王でもあるノーラン・ライアンを育てた名コーチだ。ライアンは、ただ速いボールを投げるだけではなく、先発投手として抜群の完投能力を備え、最終的には46歳までメジャーの第一線で投げ続けた。

同じピッチャーとして、また野球人として、それがどれほど難しいことなのかを理解できるだけに、ライアンの功績にはただただ敬服する以外にないのだが、そのライアンのピッチングフォームをつくり、身体のメンテナンスやトレーニング法を指導したのがトムさんだったのだ。

トムさんに最初に言われたのは、「1年間故障をせずに、コンスタントに投げて、投手生命を1年でも長くしなさい」ということだった。だが、当初、私にはこうした考え方に違和感があった。

「たとえ身体のどこかしらが調子悪くても、肩やひじが痛かろうと、ピッチャーは投げることが仕事なんだ」、そう考えていたからだ。早稲田大学時代、東京六大学のリーグ戦ともなれば、エースは第1戦に先発して、2戦目はリリーフ登板し、3戦目にもつれたらまた先発、というのが当然だったし、また疑うこともなかった。その考え方はプロに入ってからも、変わることがなかった。

だが、トムさんは違った。

「ピッチャーは速いボールを投げるのが仕事ではない。アウトをとるのが仕事なんだ」

「打たれる、打たれないは二の次で、まずは正しいピッチングフォームで投げられることが大切なんだ」

それがトムさんの考え方だった。日本では、「バッターを抑えるためにどうしたらいいか」を第一に考え、そのために力感あふれるピッチングフォームを身につけることが重要とされてきた。このような、日本人にとって当たり前とされてきた考え方を、根底から覆えすようなトムさんの理論に、私は真っ向から反論した。

「たしかにきちんとしたフォームで投げるのはいいことでしょうが、打たれたら身も蓋もありません。バッターを抑えたい、打たれないようにしたいと思って投げているから、今のピッチングフォームになったんです」

私の言葉にトムさんは感情を表に出すことなく、静かにこう言った。

「そのピッチングフォームのせいで、投手生命が短くなってもいいのか？　あと1～2年投げて終わってしまうことだってあるんだぞ。それは違うだろう」

ピッチャーは打たれないようにするにはどうしたらいいか、それを考えながらマウンドに上がる。だが、それと同じように、バッターも「抑えられてなるものか」と必死に食いついてくる。だからこそ、抑えられることもあれば、打たれることだってある。

それに……と続けてトムさんはこう言った。

「あのノーラン・ライアンだって、打たれることはあるんだ」

私は、はたと気づいた。そうか、あのライアンだって打たれることはあるんだな。バッターをアウトにすることは大切だけど、その前にきちんとしたピッチングフォームでボールを投げ、ライアンのように長く野球を続けられるコンディションをつくることのほうがもっと大事なのではないか。

そう思い直した私は、トムさんの考えを聞き、ピッチングフォームの改造に着手しようと決意した。

「おとなしく投げる」とはどういうことか

私の右ひじが故障したのは事実だったが、それは全力投球をしていた結果なのだから、仕方のないことだと思っていた。だが、私のピッチングフォームをトムさんが見たときの第一声が、「もっと『おとなしく投げなさい』」。私は何のことか意味がよくわからなかった。

「おとなしく投げるってどういうことだろう？」

トムさんが言うのは、つまりこういうことだ。ボールを投げる正しい動作を身につけるには、最大限の能力を引き出すために行なう一連の動作を学ぶことから始まる。とくに重要なのは、重心を安定させるためのバランス、上げた足を下ろす方向、投球する際の球離れ、最大限の力をボールに与えるための体重移動。この4つの投球構造を正しく理解し、身体にしみこませる必要がある。

たとえば体重90キロのピッチャーが、投球動作で足を踏み出すエネルギーは、545キロと、体重の6倍強になる。このことを理解しているピッチャーは、それをうまく投球エネルギーに変えている。

だが、投球動作がうまくいかないと、肩の筋肉に疲労が残ったり、痛めたりすることもあるし、腰の回転が不十分だったり、上体の開きが早すぎたりする場合には、肩だけでなく腕にも負担がかかってくる。

このほかにもひざを十分に上げる前の段階で身体が突っ込んでしまったり、足を踏み出す際に、上体が一塁、もしくは三塁方向に傾いてしまったりする場合にも、ひじの故障を起こすリスクが高まる。

このように、身体の各部分に負荷をかけない正しい投げ方をマスターするのは容易ではない。ピッチングとはそれくらい難しいものなのだ。

トムさんとライアンの共著（ノーラン・ライアン、トム・ハウス『ノーラン・ライアンのピッチャーズバイブル』ベースボール・マガジン社）から、私も参考にしたピッチングフォームの基本的なチェックポイントを紹介しよう。

①投球動作の間は、軸足の延長線上に頭があること。
②持ち上げた足が最大限の高さになるまで、上体を前に傾けないこと。
③足は最大限の高さまで持ち上げること。その際、持ち上げた足を蹴り上げてはいけない。
④投球動作の間は、上体を揺らさない。
⑤いつも「高い位置から倒れ込む投げ方」を心がける。右ピッチャーの場合、左ひざを高く上げた位置から、身体全体をバランスよくホームベース方面に倒れこむようにして投げる。ボールをリリースする直前に、〝身体を沈めないこと〟が重要。
⑥足を踏み出したときは、つま先、ひじ、ひざ、グラブがホームベースから一直線上にあること。腰の回転は、踏み出した足が地面についてから始める。
⑦足が地面について、上体を回転させる動きを始めるときには、踏み出した足の親指を、ほんの少し内側に向けさせること。右ピッチャーなら左足の親指が、ホームベース

の三塁寄りを指すように、左ピッチャーなら右足の親指がホームベースの一塁寄りを指すようにする。これによって、早く肩が開かないようになり、バッターに球離れの瞬間を見にくくさせる効果がある。

⑧投球後は腕や肩に負担がかからないように、腕のスピードを減速する。

まずは、このチェックポイントを順番に実践してみることだ。一つひとつクリアして、完璧になったときには、ピッチングフォームを乱す要素が少なくなっているだろう。

とくにトムさんは、⑤の「高い位置から倒れ込む投げ方」をしきりにレクチャーしていた。昔、日本で多かった「沈み込みながら投げる」やり方は、身体に余計な力を生じさせ、疲労するのも早くなる。それに沈み込みながら投げるには、弾みをつけるために、ピッチャープレートを蹴る動作が必要となる。この投げ方だと体力が要求され、年齢を重ねるにしたがって、ピッチングフォームそのものがきつくなってくる。

トムさんとは、そうした日本式のピッチングフォームにメスを入れて、私のそれまでの考え方を根底から覆すことから始まった。それだけに、私は納得がいかないことには反論したし、思ったことも遠慮なく伝えた。

とことんトムさんとディスカッションする姿を見て、周りの人は、「またやり合っているよ」と呆れたに違いない。けれどもピッチングフォームに関することなのだから、私からすれば中途半端に、「はい、わかりました」とは言えなかった。トムさんのやり方を受け入れるのではなく、新たに「小宮山悟のピッチングフォーム」を作り上げていくことに腐心していたのだから、議論を繰り返すのは当然だと、当時の私は考えていたし、今も間違っていたとは思っていない。

そして最終的なゴールはどこにあるのか、と聞かれれば、それは「正しいピッチングフォームを身につけ、正しくボールを投げること」だった。「目指すところがどこなのか」がお互い合意できていたので、ディスカッションを繰り返しながら、ロスが少なく負担のかからないピッチングフォームをつくり上げていけたのである。

「おとなしい」ピッチングフォームで投げることの大切さ

ここまで読んでこられた方はお気づきかと思うが、「おとなしく投げる」というのは、すなわち、「正しいピッチングフォームを身につける」ことなのである。

日本ではかつて、打たれないようにするために、荒々しいフォームがいいとされてきたが、それでは力学的にムダが多いうえに、身体のどこかしらに負担をかけてしまっているために、故障するリスクまで高めてしまう。

ところが、近年は新しい理論に基づいたコンディションづくりを学ぶ指導者が増えたうえに、インターネットなどでも簡単に情報が入手できるようになった。こうして「ケガをしないためのトレーニング方法とコンディションづくり」をプロアマを問わず多くの選手たちが実践するようになっている。

「バッターに打たれないようにするのが何よりも大事」だとしたら、ケガをしてしまったら、自分自身の投手生命がそこで潰《つい》えてしまうかもしれない。こんな本末転倒でバカげたことはない。だからこそ、正しいピッチングフォームのメカニズムを勉強し、トレーニングを積んでいくことによって、一流といわれるピッチャーの域に近づけるよう努力すべきなのだ。

私の場合、身体の使い方のメカニズムを理解し、おとなしく投げるピッチングフォームを理解してから、ウエイトトレーニングを開始した。速いボールを投げるということは大きな力をボールに伝えるということだ。大きな力を生み出すには効率よい動きで力のロスをなくすこと、自分自身が持っている出力（筋肉や身体の動きから出るもともと持っている力）を上げること、さらに出力に耐えうる身体をつくることが必要になってくる。

筋肉が太ければ大きな力を生み出すので、その分だけ出力が上がるが、上がりすぎるとブレーキをかける筋肉（身体後面）、つまり出力に耐えうる力がないと身体がつぶれてしまう。

よくトムさんは、「ピッチャーが肩に故障を起こすのは、ボールを投げ終えたあと、腕の振りが減速されるときが多い」と言っていたのだが、これには理由がある。腕の振りを加速させる肩の筋は3本あるが、それを減速させる筋は1本しかないからだ。

そのため、ピッチャーは若いうちから、「ウエイトトレーニングと筋力を維持をする目的とするエクササイズを始めたほうがいい」とよく言っていた。そうすれば、肩やひじにかかる物理的なストレスに耐えうるだけの柔らかさと強さを持った筋力をつくり上げることができるというのが、トムさんが理論上、大切にしていたことのひとつでもある。

ウエイトトレーニングの際の注意点

さらにウエイトトレーニングの知識も、トムさんから学んでいった。昔のプロ野球選手は、「ウエイトトレーニングをやると、余分な筋肉がつくから有害である」という考えを当然のことのように信じていた。

だが、トムさんはそうではないと断言してからこう続けた。

「やり方さえ間違えなければ、ウエイトトレーニングは、強くて柔軟な筋肉をつくるのに役立つんだよ」

トムさんの著書（トム・ハウス『ウイニング・ピッチャー』ベースボール・マガジン社）からその理論を引用させていただく。

①自分にとって最大の重量で、持ち上げる回数はなるべく少なくする。
②前後左右の筋肉を均等に鍛える。
③週に3回は、筋肉が悲鳴を上げるまで、みっちり鍛える。
④筋力をいじめすぎてはいけない。

この4つが基本となる考え方で、それに加えて次のことも心がけなさいとアドバイスされた。

①ストレッチは毎日行なう。
②筋肉トレーニングはシーズンオフに行なう。
③シーズン中は、シーズンオフにつけた筋力を維持するトレーニングに切り替える。

④ピッチャーはボールを投げるのが仕事だが、シーズンオフにもこのことを忘れずに、必ず何か投げる運動をやっておく。

⑤トレーニングのスケジュールは、自分に合った時間帯で決めればいいが、いったん決めたら確実にその時間帯に行なうこと。

筋力をつけるトレーニングと、それを維持するトレーニングの大きな違いは、トレーニングの内容の度合いである。筋力を維持するトレーニングは、筋肉が疲労するほど激しく行なわないことが大前提となる。短い時間でも構わないから、毎日同じエクササイズを一度決めた同じ時間帯に行なうことが重要なのだ。

たとえばシーズン中の場合、ナイトゲームがあれば、朝、もしくは午前中のうちにやっておくのがいい。トレーニングでたくわえた力を、夜の試合で引き出す、という考え方だ。

また、筋力維持トレーニングは、決まった方法があるわけではない。そこで自分に合ったエクササイズのやり方を見つければいい。遠征先などでトレーニングマシンがない場合は、ダンベルだけだって十分効果的なトレーニングができる。

そしてフィジカル・トレーニングを行なうもうひとつの目的は、スタミナを養うことにある。ピッチャーの場合であれば、走り込みが一番だ。トムさんは、「45分、またはそれ以下の時間でおよそ8㎞走れるようになれ」と言っていた。なぜなら、ピッチャーが9回を投げ抜くのに心臓と呼吸器にかかる負荷の最大値が、ちょうどこのくらいの量だからだ。また、スタミナを養うトレーニングは、水泳もあるし、固定式自転車を漕ぐのだっていい。縄跳びならば、同じ時間のランニングの3倍の効果が得られる。

ピッチャーにとって、スタミナをつけるトレーニングは大切なことだ。なぜなら心肺機能が促進されるし、筋肉の燃焼率が上がって身体の新陳代謝が盛んになるからである。

当たり前の話だが、練習と試合とではまったく身体の疲れ方が違う。試合になると身体の各パーツは緊張し、アドレナリンの分泌が高まる。筋肉、腱、骨などにも普段とは違った大きな働きが要求されるのが実際の試合である。

つまり、試合のときに身体が非日常的なストレスに耐えられる状態になっていなければ、ピッチャーは務まらない。これを可能にするのが、長期間にわたって毎日規則的に行なうフィジカル・トレーニングなのだ。

もし私が、右ひじの故障に直面していなかったら、トムさんとは衝突したままだったに違いない。右ひじを故障し、「今の投げ方のままで、投手生命が短くなってもいいのか」というトムさんの言葉によって、私は立ち止まって考え、試行錯誤を繰り返した。

その結果、正しいピッチングフォームで投げることと、ウエイトトレーニングで強くしなやかな筋肉をつくることが大切であることを知ったのだ。

私は44歳で現役を引退したが、トムさんのピッチング理論とトレーニング理論を知らなければ、もっと早く引退していたかもしれない。現在は当時よりもさらに進化したトレーニング理論が確立されているが、私が右ひじを故障した94年の時点で、トムさん以上にしっかりとした理論を持った人物は日本にはいなかった。そう考えると、トムさんにはただただ感謝するばかりである。

投げ込みだって時には必要だ

ここで冒頭の話に戻るが、ではダルビッシュや田中はどうして故障してしまったのだろうか。彼らだってこと野球に関しては貪欲に知識を吸収しようとしているし、努力家でもある。彼らのピッチングフォームを見たって、欠点らしい欠点は見当たらない。とくにダルビッシュは、トレーニングの理論にだって一家言を持っている。にもかかわらず、右ひじを故障してしまった。

ふたりが故障したとき、日米のメディアは、その要因を多角的な視点で分析しようとした。高校時代からの投げすぎはもちろんのこと、田中については渡米する前年に日本シリーズで巨人と戦った際の第6戦で、9回160球を投げて完投し、その翌日の第7戦で救援登板したことも疑問視し始めた。

このときのピッチングが日本で賞賛されたのとは反対に、「ひじや肩は消耗品」という考え方をしているアメリカ側は、故障をするまでにどれだけの球数を投げたかを重視して「日本で使い物にならないほど投げさせられた」としている。

たしかに身体の発育途上にある高校時代に投げすぎているという一面はあるかもしれない。だが、アマチュア時代に正しいピッチングフォームをつくり上げる段階で、投げ込みを行なうことは、言うまでもなく重要なことだ。ある程度の球数を投げなければ、より高いレベルに到達しないのも事実なのである。

選手の技術が伸びていこうとしているとき、「ここで限界だ」と思うところが必ずやってくる。ところがそこで必死に取り組んで壁を突き破ると、また次の段階で限界がやってくる。

こうやって突き進んでは突き破るという作業を何度も繰り返していったとき、自分の技量が高いレベルに到達していることに気がつく。壁にぶち当たったとき、「もうこれ以上は無理だ」と思って挑戦することをやめてしまったら、その時点で選手の成長は止まる。

根性論のように聞こえるかもしれないが、そういうことではない。あくまでも選手個人の「もっとうまくなりたい」という理性的な意欲のことをいっているのだ。

技術を磨くとき、最初に学んでおくべきテクニカル面での理論がある。これは自分の投球フォームにかかわることだから、知らないよりも知っておいたほうがいい。ところが実際に技術を磨いていくと、理論だけでは解決できない場面がやってくる。頭で理論はわかっているが、身体が頭に追いついていないからだ。

そこでどうすれば自分の身体に技術を刷り込ませることができるか、という次の段階へと入っていく。たとえば右バッターの外角低めいっぱいにストレートを投げたいのだが、どうしても真ん中低めに行ってしまうとしよう。どうしてだろう、なぜだろうと思っている間は10球に2～3球しか外角に投げられない。それがここで腕を振ろう、次はこうして……などと理論で考えずに本能だけで投げていると、それまで決まらなかった伸びのあるストレートが外角低めいっぱいに決まることがある。

これは自転車に乗れるようになるプロセスに似ている。補助輪なしの自転車に乗れない人は、何度も何度も倒れながら必死に乗りこなそうとする。両足を離したときのバランスをどうしようとか、重心をこうしたほうがいいなどと考えているうちは、たいていうまく乗れないものだ。

だが、ある日突然、そういったことをまったく考えずに自転車に乗れるようになる。一度乗れるようになれば、数年、いや10年以上乗らない期間があったとしても、苦もなく運転することができるのだ。

このように理論では説明できない微妙な技術を身体が無意識に会得したとき、初めて「コツをつかんだ」ということになる。プロ野球選手ともなれば、ピッチャーであれバッターであれ、コツをつかめなければあとは淘汰されていくだけだ。

それにもかかわらず、「投げすぎは肩によくない」というもっともらしい理由で、選手の練習量を制限させてしまうと、間違いなく成長が止まってしまう。そのことで一番損をするのは、選手本人であることを忘れてはならない。

投げ込みによって鍛えられた早稲田大学時代

かくいう私も、投げ込みを行なった時期はある。それは早稲田大学時代だ。

二浪して念願叶って早稲田に合格し、晴れて野球部員となった。入学前に母校のグラウンドで練習をしてみたが、身体がまったく動かなかったのは無理もない。浪人時代の2年間、100メートル先の自動販売機まで原付バイクに乗って行くような生活をしていたのだから、当然といえば当然のことだった。

今でも覚えているのだが、入学式前の3月25日に新入生が集合して、グラウンド1周1キロを何週も走らされたが、同じ1年生にも周回遅れになってしまうほど、体力がなかったのだ。新入生のなかには、甲子園に出場した者や、早稲田実業から入学して、いち早く練習に参加している者もいた。おそらく同じ学年のほとんどの連中が、「コイツは夏前には辞めるな」と思っていたはずだ。

ただ、投げることに関しては、コントロールに自信を持っていた。「バッティング練習のピッチャーだったら使えるかもしれない」と、監督が推薦してくれたようで、レギュラー組に混ざってバッティングピッチャーを務めることになった。

バッターに打たせるという役割では、とにかくストライクゾーンに投げることが第一だったので、コントロールの良さが重宝された。

レギュラー組の練習が終わってから始まる下級生中心の練習でもバッティングピッチャーをやらされた結果、一日に500〜600球を投げていたことになる。

投げているとき以外は、ずっとランニングやダッシュを繰り返し、とにかく走らされるだけ。日々、こんなことを繰り返していたことで、すっかり落ちてしまっていた体力が入部してからわずかな期間で高校時代にもどり、すぐにそれ以上のものになっていた。

さらに大学2年の冬、〝鬼の連藏〟と恐れられた石井連藏さんが監督に就任したのを機に、今度はバッティングピッチャーではなく、ブルペンで同じ球数を投げることとなった。小学校から高校まで、野球漬けの日々を送ったことのない私にとっては、肉体の限界に挑戦する思いだった。

一日に多くの球数を投げさせられていたが、肩やひじが痛くなるようなことはなかった。これを読んだ人は、「そんなに投げたら故障してしまうんじゃないか」と思われるかもしれないが、投げ込みによってムダのない、自分に合ったピッチングフォームを身につけることができたのだから、最大の収穫があったといえよう。

もちろん何百球投げたからといって、必ずしもピッチングが上達するわけではないし、故障の原因にだってつながることもある。だから、すべて全力投球するのではなく、そのフリをして投げることもあった。これも決して手を抜いているわけではなく、コンディションに応じて力を加減するすべを身につけたうえでのことだ。

こうした投げ込みによって、驚くほど体力がついたし、結果的に1年の春からベンチ入りするチャンスをつかむこともできた。プロ入りしてから「走れ」が信条の金田正一さんが監督だったにもかかわらず、「プロの練習のほうが楽だ」と感じたのは、この時の練習があったおかげだ。

この経験があるからこそ、野球選手として伸びていくプロセスにおいて、「投げ込み＝悪ではない」、「投げ込みだって必要だ」と考えるようになった。たしかに小中学生など、身体が成長していく段階のときに、ある程度の投球数の制限をすることは意味のあることだ。しかし、それ以外の時期は、投球数の制限があまり前面に出すぎてしまうと、肝心の技術のレベルアップが望めなくなる。

大切なのは、関節などに負担のかからないよいピッチングフォームで投げることができているかであり、それを通り越して投球数だけを論ずることは無意味である。よいフォームで投げていれば、ピッチング後にしっかりケアすることで故障のリスクを減らすことができる。反対に欠点のあるフォームで投げていれば、たとえ球数が少なくても、故障につながってしまうことはある。それだけは知っておいたほうがよいだろう。

ダルビッシュや田中の故障について考えられること

ふたりが故障した原因として考えられるのは、彼らのピッチングフォームについて、本人が自覚していないストレスがかかっていたのではないかということだ。つまり、「出力に耐えられないピッチングフォーム」になっていた可能性があると見ている。

もちろん、これはダルビッシュや田中に限ったことではなく、すべてのピッチャーにおいていえることだからこそ、いつ、どんなときに故障という場面がやってくるかはわからない。

それに田中が日本シリーズで連投したことを一部のメディアが指摘していたというが、そのときは投げられたではないか。そう考えると、これだって原因であるとは言い切れない。

ではマウンドについてはどうだろうか。メジャーのマウンドの土は硬く、日本は反対に軟らかい。これはまぎれもない事実だが、実際は日米のマウンドの違いが投手の身体に与える影響について比較のしようがない、というのが正直なところだ。日本のマウンドを経験していないのにひじを故障するメジャーのピッチャーは大勢いるし、日本のマウンドしか経験していない日本人ピッチャーでも、故障することもある。

「マウンドが硬いと、肩やひじ、腰などへの衝撃が直接あるために壊れやすい」というが、軟らかいとされる日本のマウンドだって、投げるたびに土が掘り起こされれば、プレートから掘り起こされた箇所までの傾斜がきつくなり、肩やひじに負担がかかることだって、十分に考えられる。つまり、一概には比較のしようがないのだ。

さらに、正しいトレーニングを積み重ねることによって、痛みに耐える力も強くなり、ひじの異変に気づくのが遅れた可能性もある。今年の3月のオープン戦の登板後、ダルビッシュが右ひじの張りを訴えた際、「まさか手術するほどひどくなっているとは思わなかった」と本人は語っていた。

ダルビッシュ自身、科学的なトレーニングによって強靭な肉体を作り上げてきたからこそ、ひじの痛みがたいへんなものであるとは考えていなかったのだろう。それでも故障してしまった。

トレーニングによって身体をトップコンディションに持っていったからといって、絶対に故障しないという保証はない。この事実だけは、彼らの故障を機に再認識させられたのは間違いない。

ボールの違いはひじに負担をかける可能性が高い

そんななか、唯一、肩やひじを故障しやすい原因として考えられそうなのが、ボールの違いである。公認野球規則には重量が141・7～148・8グラム、大きさが22・9～23・5センチと決められているのだが、日本のボールは141・7グラム、22・9センチと規定内の最小値でボールが作られており、メジャーリーグは反対に148・8グラム、

23・5センチと最大値となっている。

おまけにメジャーのボールはよく滑る。日本のボールが牛の革を使っているのに対し、メジャーは馬の革を使用している。そのうえ縫い目がメジャー球のほうが粗い。この点に私は想像以上に苦労させられた。

個人差がある、という但し書きが必要だが、海を渡った日本人投手の多くが、ボールの違いに悩まされたと思う。私はニューヨーク・メッツに移籍した2002年、ボールにしっかりとグリップを利かせるために、自分の手に合ったハンドクリームを塗って滑りを抑えるのに必死だった。

2014年4月、ニューヨーク・ヤンキースのマイケル・ピネダが、首に松ヤニを塗って不正投球したとして即退場、10試合の出場停止処分を受けた。たしかに松ヤニの使用は野球規則で禁止されている。なぜなら松ヤニを使用すれば、ボールの変化が増してしまうからだ。

だが、バッターの立場からすれば、「ボールがすっぽ抜けて、頭に来たほうがたいへんだ」と考えるものだし、実際に私自身もメッツ時代に、クラブハウスで選手同士のそうした話を耳にしたことがある。

かつてボストン・レッドソックスに在籍していた岡島秀樹（現・横浜ベイスターズ）

は、「日本時代に投げていたドロンと曲がる大きなカーブは投げられない」と話していた。彼のカーブは指を縫い目にかけずに投げていたため、革質のいい日本のボールには合っていたものの、メジャーの滑るボールには対応しきれないというのだ。

さらにここにマイナーリーグのボールを加えるとたいへんだ。日本のボールのほうが少し小さく、重さがバラバラに感じるからである。「ボールはすべて同じもの」と考えている日本人からすれば、驚き、戸惑うばかりだ。

メッツへの移籍が決まったとき、私はメジャーの公認球を取り寄せ、指先になじませようと必死に試みたが、いざシーズンが始まって3Aに行かなければならなくなったとき、「えっ、こんなにボールって違うのか⁉」とさらなる違和感を持ったものだ。

どんなに理想的なピッチングフォームで投げていても、ボールにグリップを利かせようとナーバスになるあまり、知らず知らずのうちに肩やひじに負担をかけてしまう。日本人投手がメジャーの公認球を使用していれば、そんなことが起きたって不思議ではない。

このことはなにもダルビッシュや田中だけでなく、佐々木主浩、野茂英雄、上原浩治、松坂大輔、藤川球児、和田毅、田澤純一と、メジャーに渡り、ひじを故障したすべての投手に言えることなのだ。

そして、これはあくまでも私の見解だが、彼らが故障した背景には、ピッチングフォームにおいて出力が大きくなってしまったために故障したというのが、一番考えられる答えかもしれない。「試合では、肩とひじの関節はピッチングのたびに半インチ伸びる」とトムさんは言っていた。練習のときとは違う緊張感を強いられるため、身体が知らず知らずのうちにストレスをため、悲鳴を上げてしまうのではないだろうか。

それに加えて、ボールがすっぽ抜けないようにグリップを利かせようとするあまりに、無意識のうちに力を入れて投げてしまう。日米のメディアでは、日本人ピッチャーがひじを故障する原因に、スプリットであれ、スライダーであれ、フォークボールであれ、「変化球の投げすぎ」を指摘する声が多いが、変化球はグリップを利かせなければならない最たるボールだ。徐々にひじに負担がかかってきて、それまで大丈夫だったにもかかわらず、ある日突然、靭帯が切れてしまっても、おかしな話ではない。

けれども先に挙げた変化球は、彼らからすれば、並み居るメジャーの強打者を抑えるための生命線でもある。どれかひとつでも欠けてしまったら、ピッチングが単調になってしまって、痛打を食らう可能性が高くなる。どんなにメディアが「変化球の投げすぎ」に原因を求めたところで、変化球を投げなければメジャーで活躍することはできない。そう考えると、変化球の投げ過ぎに原因を求めたところで、彼らにしてみれば変化球を投げないわけにはいかないのだ。

頑丈な身体とスタミナは、メジャーリーグで生き抜くためには不可欠な条件だ。そのためにトレーニングを積んで、正しいピッチングフォームで投げることが一番大切なことではあるが、それでも完全に故障を避けるのは難しい。海を渡った日本人投手は、故障とは隣り合わせの状況で投げ続けざるを得ないといえるのではないだろうか。

第二章　日本とアメリカの間にある越えられない「壁」

中4日をあらためれば、疲労はクリアになる

日米を問わず、どんなピッチャーでも投げ続けていれば、ケガというアクシデントはつきものだ。とくにひじの靭帯断裂というケガには、ピッチャーである限り、常について回るリスクであると考えなければならない。

私が調べたところ、2013年までにトミー・ジョン手術を受けた人数は、メジャー、マイナー合わせて約880人にのぼり、2013年時点で先発入りしている360人のメジャーのピッチャーのうち、124人が手術を経験している。日本では考えられないことだが、ことメジャーでは当たり前のようにトミー・ジョン手術が行なわれている。

これにはどういった因果関係が考えられるのか、アメリカのある科学者チームが調べたところ、小中学校時代に多くの球数を投げた子どもは、大人になってからひじに限界がきてしまうケースが多い、という調査結果もある。

そうなると、第一章でもお話しした通り、トムさんが言うように「ひじや肩に負担をかけないピッチングフォームを身につけること」は重要だ。その際、ポイントとなるのは、腕を振り上げて胸を張った状態になったとき、ひじを90度に保ち、そのまま腕をスイング

させてフィニッシュまでもっていくことが肝心なのである。

ひじの角度が90度以上になっていると、腕を回転させたときの負荷が、とてつもなくかかってくるので、ひじを痛めやすくなる。そこでトムさんから、「90度を意識して投げなさい」とよくアドバイスしてもらっていた。

だからこそ、子どものうちからひじや肩が痛くならない投げ方を理解させることが大事だし、そのためには、身体をいかに正しく使うべきか、真っ先に教えなくてはならない。

そんななか、2014年のメジャーリーグのオールスターゲーム前日の記者会見で、ダルビッシュ有はトミー・ジョン手術が多いメジャーのピッチャーの現状を見て、次のような発言をした。

「これだけトミー・ジョン手術を受ける選手が出ているんだから、もっと議論しなきゃいけない。もっとみんなで話し合うべきです」

近年は若手にも手術を受ける投手が多く、大きな問題となっている。田中将大は手術の必要はないと診断されたものの、それでもヒジの不安はつきまとう。歯止めがきかない投手のひじの問題に対して、ダルビッシュは、球速アップを求めるウエイトトレーニングも原因のひとつだと指摘するとともに、中4日の登板間隔にも問題があると警鐘を鳴らした。

「中4日は絶対に短い。球数はほとんど関係ないです。120球、140球を投げても、中6日あれば靭帯の炎症も全部クリーンにとれる」

中4日では身体が回復せず、靭帯の炎症が治まりきらないうちに次の登板を迎えるから故障を招いてしまうというのがダルビッシュの主張だが、私も「中6日あれば靭帯の炎症も全部クリーンにとれる」という意見には賛成だ。

先発枠を増やして中5〜6日で回していけば、もっとピッチャーは楽になるし、故障のリスクだって低くなる。そのうえトミー・ジョン手術を行なえば、復帰するまでに最低でも1年を要する。どのチームもピッチャーはたくさんいても困らないと考えているのなら、故障や手術をせずに長持ちする道を模索すべき。彼はそう言いたかったのだろう。

中4日、先発5人のシステムが確立した背景

もともとメジャーリーグにおいて「中4日で投手5人が投げる」システムが確立したのは、1976年あたりからで、その年に導入されたFA制度によって年俸の高騰や複数年契約が始まったことにより、「ケガをして投げられなくなったら元も子もない」と球団側が神経質になったことが理由として挙げられる。

　また、ピッチャーの肩やひじの消耗度に対する医学知識が広まった90年代以降は、中4日の登板間隔に加えて、6回か7回で100球を超えたら交代することが、当たり前のようになってきた。このことは、60~80年代にかけて300勝を上げた投手と、80年代から現在に至るまでの300勝投手の現役期間中の完投数を比較するとよくわかる。

・トム・シーバー（1967~86年）656試合　311勝　231完投
・スティーブ・カールトン（1965~88年）741試合　329勝　254完投
・ロジャー・クレメンス（1984~2007年）709試合　354勝　118完投
・ランディ・ジョンソン（1988~2009年）618試合　303勝　100完投

　トム・シーバー、スティーブ・カールトンが3試合に一度は完投しているのに対し、ロジャー・クレメンスやランディ・ジョンソンは完投にこだわっていない。これは本人の意思というよりも、球団や監督、さらには高額年俸の交渉をした代理人の意向が強かったためといわれている。

　彼らがいかにその前の世代の投手と比べて完投数が少ないかを表しているが、最近ではさらに激減していて、2013年サイ・ヤング賞に輝いたマックス・シャーザー（ワシントン・ナショナルズ）は、デビュー以来6年間で一度も完投したことがなかったが、昨年の6月12日のシカゴ・ホワイトソックス戦で、初めて完投（完封）したほどだ。そして18勝を挙げ、2年連続で最多勝のタイトルを獲得した。

こう見ていくと、今のメジャーリーグはほとんどのケースで完投させないことがわかる。１００球を超えたら中継ぎ以降に交代させる分業システムが当たり前となっているのだ。

中4日、先発5人のシステムは、簡単には変えられない

しかし、ダルビッシュが中4日をあらためよと提唱したところで、ことはそう簡単に運ぶものではない。メジャーで先発ピッチャーが中4日になっているのは、それ相応の理由があるからだ。

まず日本では中6日が可能で、メジャーでそうではない理由のひとつに挙げられるのが、一軍登録の人数の違いである。日本は28人で、そのなかから25人を毎試合のベンチ入りメンバーとして登録する。それに対して、メジャーの「アクティブ・ロースター」と呼ばれる一軍登録は、25人と決まっている。

この3人の差が実に大きい。メジャーのローテーションは中4日なので、5人の先発ピッチャーが必要だ。日本だと、毎週月曜日が試合のない移動日や調整日であることが多く、中6日のローテーションを組むために、先発ピッチャーが6人必要となる。

だが、メジャーではそうはいかない。シーズンが始まってしまえば、日本のように月曜日は移動日などということはなく、オールスターゲームなどの特別な期間を除き、ほぼ毎日試合をしている。このような状況で中6日のローテーションにしてしまうと、ふたりの先発投手を増やさなくてはならないので、単純に現行のアクティブ・ロースターの25人のままでは、間違いなくブルペンにしわ寄せがきてしまう。

たとえば、ピッチャーの登録人数が11人だとして、今までは先発が5人だったので、6人は中継ぎやセットアッパー、クローザーとしての起用ができる。だが、先発をふたり増やして7人にしてしまうと、中継ぎ以降のピッチャーが4人しかいなくなってしまう。

そうなると先発ピッチャーが6~7イニングで降板した場合、残りの2~3イニングはリリーフピッチャーが登板することになり、極論すると2試合のうち1試合は投げなくてはならなくなる。これでは中継ぎ以降のピッチャーはシーズン終了を待たずにパンクしてしまう可能性が高い。

では中継ぎ以降のピッチャーはそのままにして、野手を減らした場合はどうなるか。これとて野手にしわ寄せがきてしまう。

ピッチャーを11人から13人に増やせば、野手は14人から12人になってしまう。野球のポジションはピッチャーを除けば8つのポジションがあり、キャッチャーの登録をふたりにすれば、残り3人しか野手の登録ができない。そうなると攻撃のバリエーションが減ってしまうことだってあるし、簡単に選手を休ませることができなくなる。

このように5人から7人に先発ピッチャーの数を増やしてしまうと、中継ぎ、野手とのバランスが崩れてしまう。これでは容易に中6日のローテーションを組むことなどできない。それほど現行のルールのなかで、先発ピッチャーを増やすのは難しいことなのだ。

年俸に直結した問題も発生してくる

そう考えると、「だったらメジャーも25人から28人に登録人数を増やせばいいじゃないか」と考える方がいるかもしれないが、これもそう簡単な話ではない。なぜならお金の問題に直結してくるからだ。

メジャーでは勝ち星や防御率など、目に見える成績以外にも、「年間を通してローテーションを守ってくれたかどうか」も年俸の査定をするうえで評価の対象となる。今は5人でローテーションを回しているので、シーズンを通して投げたとすれば、単純計算でだいたい32試合に登板する。

そこで1試合あたり6～7イニング投げれば、投球イニングは190～220イニング強は投げる計算となる。つまり、「200イニング前後投げるとこれだけの年俸を支払う」というように、年俸に加算されていく。

だが、これが7人となると、年間23試合の登板にとどまる。そして6～7イニング投げると、130～160イニング強と、5人で回すよりも9試合、最大で90イニング少ない計算だ。こうなると、年俸だってこれまで通りの基準というわけにはいかず、減らさざるを得ない。

「これまで年間220イニング投げてくれたから、1億円の年俸を出していた」のに、それが130イニングになってしまったら、90イニング分の年俸が下がってしまうわけだ。

先発ピッチャーを5人から7人に増やして、年俸が少なくなってしまうというのなら、メジャーの先発ピッチャーたちだって納得するはずがない。ダルビッシュは「年俸が下がるのは仕方がない」と会見で話していたようだが、他のピッチャーたちからすれば、「おいおい、お金も絡んでくる大事なことなんだから、そう簡単に言わないでくれよ」と言いたくもなるだろう。

そのうえ年金の問題も出てくる。メジャーでは選手会によって年金が運営されていて、選手登録5年以上が有資格者となり、10年の選手登録があれば満額となる。満額の場合は、日本円でおよそ2000万円（スライド変動あり）が60歳以降、亡くなるまで支給されるというわけだ。

だが、アクティブ・ロースターの数を現行の25人から28人にしたら、メジャー全球団で3人ずつ、つまり90人が増えることになるので、その分、今よりも年金の有資格者が増えることが十分に考えられる。そうなってもこれまでと同じ金額を支給し続けられるのか、という話にだってなり得るのだ。

受給する金額が今より減ってしまうことだって考えられるから、「アクティブ・ロースターの数を現行より増やせ」と言っても、おいそれと認めるわけにはいかない。日本のように一軍の登録人数を28人にできない背景には、こうした事情が絡んでいることを見逃してはならない。

メジャーの選手会は、「世界最強の労働組合」などと呼ばれているが、たしかに過去、幾度かのストライキを経て、経営者に対して一歩も引かずに交渉してきたし、またそれができるくらいの組織力を持っている。だが、それはあくまでも経営者側から選手会側に不利な条件が突きつけられたから交渉してきたのであって、自ら条件を下げてしまうような交渉をする可能性は低いだろう。

　先発ピッチャーの中4日制を、ふたり増やして中6日制にしたところで、自分たちの給料が下がってしまうのであれば、選手会側から「ノー」という声が上がるかもしれない。投げるイニングを削ることによって出る損失を考えたら、「中4日のままがいい」と考えるのは、メジャーでなくても当然のことかもしれない。

中4日で投げる経験は、マイナーから積まれていく

　さらにアメリカで、「中4日でも大丈夫だ」と考えられている理由がもうひとつある。それは、メジャーに上がる前の段階、つまりマイナーの2Aや3Aで中4日で投げられるように、5人で先発ローテーションを回す経験を積んでいることも大きいのだ。

　私もメッツでのマイナー時代、中4日を経験したことがあるが、中4日で投げるにはムダを省く必要がある。たとえばブルペンで球数を費やすようなピッチング練習がムダにあてはまるのだが、中4日だとコンディションを整えることを第一に考える。だから抑えようが、打たれようが、日々のルーティンを変えずに調整することが大切だった。

　だが、日本では先発ピッチャーは中6日での登板だ。一軍はもとより、二軍だって中4

日で登板させるようなことはしない。中4日と中6日では登板までの過ごし方が違うし、何より身体の疲労の回復具合も違う。「48時間の差」が大きいのは、私も経験してきたからよくわかる。

ダルビッシュが言うように、中6日だったらひじや肩の疲れはクリアになるし、大きな故障だって防げる確率が高くなるのは間違いない。

もっと言えば、アメリカから日本に来日してきたピッチャーにとっては、メジャーより日本のほうが中6日の分、調整がしやすいはずだ。ダルビッシュがこの発言をしてからしばらくして、ニューヨーク・タイムズで、2008年から09年にかけて広島でプレーしたダルビッシュの同僚でもあるテキサス・レンジャーズのコルビー・ルイスが「(日本時代の)週1回の登板は好きだった」というコメントを出した。彼もアメリカと比べて日本のほうがコンディション維持が楽だったからこそ、このような発言をしたのだろう。

だが、日本人ピッチャーがメジャーに行くと、ローテーションに入れば中4日での登板となる。そのための調整法というのも、個々で身につけなければならないし、投げ込んで調整するピッチャーだったらなおのこと、メジャー流の調整方法に不安を感じることだってあるはずだ。

けれども投手のキャリアをアメリカでスタートさせたピッチャーは違う。マイナーで中

4日での登板経験を積んでからメジャーに昇格しているので、それが当たり前だと思っている。だからこそ、「変える必要はない」と主張する。中4日と中6日に対する考え方の違いは、今後も日米で埋められることのない問題といえるだろう。

一度伸びた靭帯は元には戻らない

田中、ダルビッシュとたて続けに右ひじを故障したとき、「日本時代に投げすぎた」という主旨の論調でアメリカのメディアが批判したが、私もアメリカ側の意見に同調する。

第一章でも述べたが、2013年の日本シリーズの第6戦、第7戦と連投したとき、田中のひじはたしかに大丈夫だった。だが、それまでにひじの靭帯が伸びていたとしたら、話は違ってくる。ひじの靭帯は、一度伸びてしまうと、元には戻らない。例えていうなら、一度伸びてしまったゴムひもが、伸びる前と同じ状態に戻らない原理と一緒なのだ。

また、ひじの靭帯の伸びは、メジャーの入団前のメディカルチェックの段階では、なかなか発見しづらいのも事実である。本人が「あれ、おかしいな」と違和感を持ったときに、徹底的に検査をして、初めてわかる症状だからこそ難しい。

田中の場合でいえば、メディカルチェックをクリアし、キャンプ、オープン戦も無事過ごして、シーズンに入って3ヵ月目に、これまでとは違った痛みを右ひじに感じたが、「手術する必要はない」とドクターから診断されたから手術を回避したということなのだろう。

ただし、故障したときに、覚えておかなければならないことがある。それはひじを痛めたら健康体ではないということだ。たとえ医者から、「今は手術をしなくてもよい」と言われ、保存治療など手術を回避できる治療法を施し、日々のトレーニングでひじの延命をはかったところで、一時的な対処法でしかなく、いずれ手術は避けられないことになる可能性が高いということなのだ。

だからこそ万が一、ひじを痛めてしまったときには、早めに手術をして痛みをクリアにしてしまったほうがいい、というのが私の考えである。

ケガをさせてはいけないアメリカ、酷使させる日本

ここまでの話を踏まえて、日米の野球を比較した場合、どちらが故障の予防に優れているかと言われれば、レベルにもよるが、「ケガをさせてはいけないんだ」という認識は、アメリカのほうが強い。とくに身体のできあがっていない子どものうちだと、日本で全国

大会に出るようなチームであれば、指導者が勝利至上主義に走る場合もあるが、アメリカだと「勝つに越したことはないが、勝利よりも楽しませることが大事」という認識が、指導者には強いように思える。

ただし、それはあくまでも全国大会レベルの話であって、そうでないチームが日本にも数多くあるはずだ。私は小学生の頃、地元の少年野球チームに所属して、4年生のときからピッチャーをやっていたが、「監督から酷使されている」という感覚はゼロだった。

ここで言う「酷使」とは、「投げられないのに、無理して投げてしまう状態のこと」を指すのだが、たとえ土曜日、日曜日で連日1試合ずつ投げることになっていても、普通に投げられていたし、楽しいという感覚さえあった。投げられないのに強制的に投げさせられているとはまったく思っていなかったので、「酷使」とは無縁だったのだ。

だが、私のようなケースはプロ野球選手のなかでは例外かもしれない。私は小学校から中学までずっと軟式野球をやっていて、硬式のボールで野球を始めたのは高校からだった。高校に入学する前にも硬式ボールでキャッチボールをすることはあったが、軟式ボールのようにボールをつぶしながら変化球を投げるという感覚がないことを、このとき初めて知ったくらいだ。

私と同じくらいの歳の連中が、リトル、シニアで野球をやっていて、その実力が認められて高校に推薦で進学するということも、あとになって聞いて驚いたことがある。もちろんこれは、私が単に野球エリートというものが存在しているという事実を知らなかったというだけの話だが、野球の実力が認められて高校、大学、社会人と進んで採まれていくなかで、プロから声がかかるのを待つ。プロ野球選手といわれる人のほとんどは、こうしたルートを辿っていくのだろう。

そうすると幼い頃からプロ野球選手を目指しているような子どもであれば、十代前半で、酷使と呼べるような状況になったとしてもおかしな話ではない。

地区予選、県大会、全国大会へと駒を進めていくにしたがって、それまで見たこともないようなレベルの高い選手に遭遇することだってあるだろう。そうなったら、それまで投げていた以上の力を発揮しようとして力投するだろうし、それが続けば「肩が痛くて投げられない」、「ひじに違和感があってなんだか不安だ」ということにつながってくる。

骨の端にある軟骨が骨に変わっていく境目の部分、これは骨端線と呼ばれるものだが、この線があるうちは、骨が成長している証拠でもあるのだから、その間は何らかの形で大人がブレーキをかけてあげないと、将来有望な選手を潰すことになりかねない。最低限でもそのくらいは指導者である大人たちは、知っておかなければならない。

無理をさせることで得られるものは選手にはない

以前、「プロ野球選手は故障する前の段階で、ケガを予防することはできないのでしょうか？」と聞かれたことがあるが、正直なところ難しいというのが本音だ。

プロ野球の各球団には専属のトレーナーが数人いるのだが、毎年オフシーズンになると、全球団のトレーナーが集まって意見交換会のようなことを行なっている。そのとき、各チームの状況を基に、どういったケースで故障してしまったのか、リハビリから復帰までにどのくらいの期間を要したかなど、全球団で情報を共有し合い、翌シーズン以降、自分たちのチームでも活かせるように故障の対処法などについて学んでおくのだ。

それにもかかわらず、毎年故障者は必ず出てしまう。全力プレーの結果なのだからある程度は仕方ないにしても、状況によっては、「ブレーキをかけられたのに、あえてしなかった」ということだって十分にあり得る。とくに優勝争いをするようなチームともなれば、シーズンが進むにつれ、故障で離脱などしてほしくない、というのが、チームを預かる首脳陣の考え方だ。

たとえばチームの中軸を打つA選手が走塁中にちょっと足をひねってしまったとする。

すると首脳陣からは、「お前、そのくらいのケガならできるだろう」という声が上がる。

だが、メディカル部門のトレーナーは、「いやいや、これはちょっと無理でしょう」と試合出場に対して慎重となり、最終的にはストップをかけてしまう。それを聞いた首脳陣は、「だったらAが試合に出場できるようになんとかしてくれよ」と言って、必要な応急処置とテーピングを施して試合に出場させる。——このようなことは、プロ野球の世界ではよくあることだ。それで万が一、壊れてしまったところで首脳陣は、「やっぱり壊れちゃったね」と言って代わりのプレーヤーを探すだけである。

だからこそ、「いえ、やっぱり試合に出場させるのは無理です」と首脳陣に対して論理的に説明して首脳陣に納得させることのできるトレーナーがいるチームは優秀なチームと考えてよいだろう。

これには難しい判断を要する。現場からすれば、リタイアする1週間が、上位チームと首位争いをし、ペナントレースを左右する大事な1週間に当たることだってあるだろう。だからこそ、こうした選手の扱いは、首脳陣のさじ加減ひとつで決まるといってもいい。

メジャーではこうは考えない。ケガをしたときに無理をさせて、ケガが長期化したり、あるいはそれが元で選手生命を短くさせてしまったら、「誰が責任をとるんだ」という話につながるし、誰ひとりハッピーになれない。メジャーの首脳陣が、ケガをした選手に対して、「ケガをしたときはしっかり休んで治せ」と言うのは、そうした理由もあるのだ。

無理をさせることを厭《いと》わない日本と、少しでも故障すると、無理をさせないメジャー。どちらが正しいかといわれれば、日本人的な発想でいえば日本のやり方だって優勝争いなどをしている最中であれば、状況によってはやむを得ないと考えてしまうことだってある。

だが、私はあえてメジャー側の考え方、選手のケアの仕方を選択したい。第一章のトムさんと私とのやりとりのところでもふれたが、ケガをしたときに無理をさせてしまって、後々野球人生を縮めてしまうようなことがあれば、結果的にそれが正しかったとは決して思えないからだ。

選手がケガをしたときの対応ひとつとっても、日米でこれほどまでに大きな違いが出てくるという事実は、決して見逃してはならないことだ。

春季キャンプに対する考え方も、日米では違う

もうひとつ、日米の違いでいえば、春季キャンプに対する考え方がある。日本の春季キャンプでは開幕までの準備だけでなく、「鍛える」ことにも主眼を置いている。とくに若

手選手ともなれば、開幕一軍入りを目標にして、あわよくばレギュラーもとれればと、必死に練習するものだ。これはどこか特定の球団がそうだということではなく、12球団がいずれもそうした考え方であるといっていい。

だが、メジャーは違う。メジャーの春季キャンプは、あくまでも「開幕までの調整のみ」という考え方だ。メジャーでは、基本的にキャンプの時点で球団が支配下に置く40人枠（拡大ロースター）、つまりメジャー契約を結んでいる選手がおおよそ決まっている。だから首脳陣に必死になってアピールすることもないし、そこから25人枠のアクティブ・ロースターを目指すことだけを考えていればいい。

それにメジャーではキャンプ期間中は給料は支払われない。つまり、無給というわけだ。前年のオフに結んだ契約の年俸が支払われるのは、シーズンが開幕した直後から終了するまでの期間であり、それ以外は一切ない。だからキャンプ中に必死にやってつまらないケガでもしてしまったら、損をするのは自分自身だという考え方も根づいているから、キャンプ中は「あくまでも調整」に徹するのだ。

これが日本だと違って、年俸はきちんと12分割されて支払われる。もらえる金額はさておき、毎月給料をもらっているという点では、一般のサラリーマンと変わらない。毎月お金をもらっている日本と、シーズンに入ってからでないとお金をもらえないアメリカ。両者の違いにより、春季キャンプに対する考え方の違いが出てくるというわけだ。

もし目の色を変えて必死になってプレーする選手がいるとしたら、それはケガをしている選手の穴埋め的な役割で生き残れるかどうかという、キャンプの招待選手（ノンロースター）のみだ。彼らは、「オレのプレーを見てくれ」と首脳陣に対してアピールしなければ、メジャーには上がれないし、見切られたらそこで終わりである。

そして、メジャーに残れるかどうかという瀬戸際の選手ほど、代理人の存在は重要になってくる。もともと代理人という制度は、英語の話せない中南米の選手の代わりに、契約の際の代理業務にあたったのが始まりといわれるが、もしそうした選手を球団が獲得するとなれば、いくらの年俸が適正なのかという交渉が必要となる。そこで代理人が選手のために働くというわけだ。

日本で代理人というと、「お金をピンハネしている人」とネガティブに捉える人もいるようだが、それは単に世の中を知らないだけだと言いたい。代理人の存在は重要だ。彼らの存在が大きいのは、選手がその場にいなくても、代わりにすべてを交渉してくれるという点に尽きる。

そのため代理人と選手は、ありとあらゆる条件交渉になることを想定して、コミュニケーションを重ねておく必要がある。そしてすべてを委ねられる代理人であれば、信頼し続けていいし、そうでなければチェンジすればいい。

日本では契約交渉の席ですら、代理人を同席させることをよしとしない球団が多いが、お互いが対等に話をするというのであれば、代理人制度はもっと認められるべきだと思っているし、「代理人は悪」という考え方から脱却しなければならない。

中4日と中6日という日米の先発ピッチャーの登板間隔の違いだけでなく、ケガに対する考え方、はたまた春季キャンプや代理人制度にいたるまで、アメリカでは当たり前だと思われていることでも、日本とは大きくかけ離れた考えをしている部分がある。それを文化の違いとひと括りにしてしまうのは簡単だが、日本側もアメリカのよい制度はもっともっと積極的に取り入れていくべきではないかと考えている。

第三章　日本で体験した「野球」と「ベースボール」の違い

「必然の出会い」は94年にやってきた

1994年の秋、右ひじの故障を抱えたままシーズンを終えた私に、ひとつの、いやその後の人生を左右する運命の扉が開かれた。テキサス・レンジャーズの監督を務めていたボビー・バレンタインが、ロッテの監督に就任することになったのである。

プロ入りしてから5年間、日本人監督の元でプレーしてきた私にとって、外国人の監督は初めてであり、いったいどういった指導をするのだろうと、とても興味があった。しかもメジャーでは最優秀監督賞を獲得している。当時、ロッテは下位に低迷していたこともあり、どういった手腕をチーム内で発揮してくれるのか、関心は尽きなかった。

実はボビーと初顔合わせをする前に、ちょっとした偶然が重なっていた。この年の秋のシーズンをもって、早稲田大学野球部の恩師である石井連藏監督が退任することになっていた。早慶戦には石井監督と縁のあった人が、国内にとどまらず、海外からも大勢つめかけた。そのなかのひとりがロッド・デドーさん（2006年に死去）だった。

デドーさんは、南カリフォルニア大学（USC）野球部の監督を40年以上務められ、10回以上全米チャンピオンになり、ランディ・ジョンソンやマーク・マグワイアら、名だたるメジャーリーガーを指導したアメリカ野球界きっての指導者である。そして石井監督とは旧知の間柄だったことから、早稲田大学での最後の指揮となる試合を見るため、はるばるアメリカからやってきたのだ。

試合後、ふたりで赤坂の焼鳥屋で食事をしているところに、私が呼ばれた。「来年からボビー・バレンタインさんが、私のチームの監督になります」とデドーさんに伝えると、驚いた表情を浮かべ、自分の名刺に「デドーの息子をよろしく」というメッセージを添えて渡してくれた。

翌日、ボビーと会ったときに、「昨日、デドーさんとお会いしました」と言って、メッセージ入りの名刺を見せると、ボビーもたいへん驚いたようで、「どうして君がデドーの息子なんだ？」と不思議そうな表情を浮かべていたのを、今でも思い出す。

実は私はひそかにメジャーへの憧れを抱いていた。大学時代、早稲田のＯＢでロサンゼルス・ドジャースのオーナー補佐兼国際担当を務めていたアイク生原さんとお会いする機会があり、「アメリカのベースボールと日本の野球はちょっと違う」という話を聞いていたからだ。

当時の私はプロ入りできるかどうかというレベルの選手であったが、ドジャースに対して強い憧れを持つようになった。アイクさんの話から、「世界で一番すごいチームは、ドジャースなんだ」という考えが自然と刷り込まれていた。さらに言えば、デドーさんとお会いして当時のことを思い出したうえに、アイクさんは石井監督の教え子であり、トム・ハウスさんはデドーさんの教え子、そしてボビーは1968年にドラフト1巡目でロサンゼルス・ドジャースに入団した経緯がある。世の中には偶然がたくさんあるなかで、これは必然のことであると、直感的に思えて仕方がなかった。

「この人には負けたくない」

だが、ボビーとは監督に就任した当初から良好な関係を築けていたわけではない。トムさんと同様、考え方の違いを受け入れるのに、ある程度の時間を要した。私もプロ入りして5年、実績を積み上げてそれなりの自信を得ていたし、プライドをギラギラさせていた時期でもあった。

あるとき、ボビーが、「コミ、ちょっといいかい」と言ってきたので、なんでしょうと応じると、「ピッチングのとき、腕が下がっているのに気がついているだろう?」と聞かれた。

私はカチンときて、「まさかピッチングについて講釈しようっていうんじゃありませんよね」と返したのだ。

実は私は入団以後、ピッチングについて指導らしい指導を受けたことがなかった。ルーキーイヤーの1990年、当時のロッテのピッチングコーチだった植村義信さんから春季キャンプが始まって間もないときに、

「お前さんのことはルーキーだとは思っていないし、ルーキーとして扱わない。教えることは何もないし、すぐに結果を出してもらわなければチームとしても困る」

と言われ、実績のあるベテランピッチャーと同じグループに入れられた。このときの植村さんの言葉はありがたかったし、今でも感謝している。大人扱いしてもらったことによって、「とにかくチームに貢献しなくてはいけない」という自覚が芽生えたのはたしかだ。

そうして1年、また1年と実績を積み重ねてきたなかでのボビーの言葉だったので、

「昨日、今日オレのピッチングを見ただけの人に、オレの何がわかるんだ」という疑念が渦巻いていた。

それに監督が選手とピッチングについて会話することなど、それまでに一度もなかった。監督はチームを統括する立場にあり、ピッチャーはピッチングコーチに、野手はバッティングコーチや守備・走塁コーチ、あるいはトレーナーなど、それぞれのセクションの担当と話せば何の問題もなかった。

だが、ボビーはそれまでの監督とは違った。選手にスッと近づいては話しかけてくれていたものの、私からすれば自信があったから、「気安く技術指導なんかしないでくれよ」と思うとともに、「この人には負けたくない」と熱くなっていた。ボビーからすれば、「この日本人はとんでもないヤツだな」と当初は思っていたことだろう。

ピッチャーに無理をさせない起用法が、私の研究心を駆り立てた

だが、そうした心境も徐々に変化していく。トムさんと衝突しながらも信頼関係を築き上げて新しいやり方を受け入れていったのと同じように、ボビーの長所も理解できるようになっていった。

とにかくピッチャーに無理をさせない。プロのピッチャーともなれば、多少身体のどこかを痛めていても、「投げろ」と言われれば投げるのが当たり前のことだと、それまでは考えていたが、ボビーは違った。ピッチャーのコンディションが悪ければ、過保護ではないかと思えるほど配慮をしてくれる。

また、先発ピッチャーの球数が100球から120球くらいなると交代させるので、イニングにして6回から7回を投げるようにするにはどうしたらいいか、私もより深く考え

るようになった。バッターを抑えるにしても、ひとりあたり5球も6球も投げていたら、あっという間に6イニング投げる球数になってしまう。

それに前年痛めた右ひじのことを考えたら、常に全力投球でバッターを抑えようとするよりも、同じストレートでも少しだけ力を抜いたりして「打てそうで打てない」ボールを投げることにこだわってみた。

すると、今までとは違った角度から相手バッターを研究できるようになった。たとえばバッターが何を打つか、何を打たないか。Aというバッターが「初球がストレートなら必ず打ってくる」ことがわかれば、変化球でひとつストライクをとるようにすればよい。

他にもバッターが有利とされているカウントのときに、インコースとアウトコース、どちらに投げたら手を出してくれるのか、あるいはバッターが打つ、打たないを決めるのはどの瞬間なのか、などのデータを収集して、各チームのバッターの傾向を知りたくなった。これがわかるかわからないかだけでも、ピッチングは大きく違ってくる。

私の場合でいえば、

①バッターが変化球を打つか、打たないか。あるいは変化球が好きか嫌いか。
②高めと低めのボール、どちらに手を出すか。

③インコースとアウトコース、どちらが好きか。
④ヒット、アウトにかかわらず、強い打球が飛ぶのはどのコースで、どのカウントで、どの球種か。

こうした傾向を知るだけでも、ある程度はバッターのタイプを絞り込むことができる。試合の序盤か中盤、終盤か、ランナーはどこにいるのか、というシチュエーションはあとからついてくることであって、たとえシンプルでも①～④のような分類があらかじめ把握できていれば、相手を抑える確率がグンと高くなる。

野球は確率のスポーツだからこそ、安全なほうを選んでいけば、それほど大きな失点をすることはない。そのためのデータが出せるなら出してほしいと、スコアラーの方々にお願いしていた。

今でこそこのようなデータは簡単にコンピュータで処理されているが、当時はこうした傾向を知るのにひと苦労だった。だが、「使えるものはなんでも使う」という考えを持っていた私からすれば、100球から120球投げて交代するなら、少しでも長いイニングを投げることと、バッターを打ち取ることを両立させるために、こうしたデータを解析してもらえることは、本当にありがたいことだった。

ただし、データを100％鵜呑みにしていたかといえば、そんなことはない。たとえば映像ではスライダーのような変化であっても、「投げたのはカーブ」といえばカーブだし、反対にバッターがスライダーだと思えば、それはスライダーということになる。

それにライトフライに打ち取ったとしても、バットの芯をとらえたライトフライであれば、決して抑えたとはいえないし、同じ右ピッチャーのデータでも、150キロを超えるストレートを投げる右ピッチャーと、私のような140キロ前後のストレートのピッチャーとでは、バッターの狙い球は変わってくる。だからこそ、自分のデータだけを使うようにしていた。

登板日までの調整法にもメスを入れた

さらに調整法においても、新しい試みにトライしてみた。第一章でも詳しくお話ししたように、トムさんから教わったコンディションの調整法を自分なりにアレンジして、登板日に合わせてベストの体調をつくり上げていった。当時、日本では先発ピッチャーは中5日が主流だったので、それに合わせて身体を整えていく。

具体的には次のような方法である。

①登板日　先発して、リリーフに交代した瞬間から、次の登板の準備が始まる。まず、肩とひじをアイシングしながら自転車を漕ぐ。そしてついさっきまで投げていた試合の反省をする。

試合の映像があったら、音声の入っていないものを用意してもらい、初回から投げ終わるまで見直す。時間がどのように流れていったかを確認しながら見ると、投げているときの状況や気持ちが思い出されるので、頭のなかで試合の細部までリアルに再現しながら見るようにしていた。

それが終わったら、ストレッチをして、刺激を与えて肩とひじの回復力を高めるために、ウエイトトレーニングをする。登板直後に口にするのは、プロテインなどのタンパク質。

帰宅してから、その日の試合映像とピッチングのチャートを見比べながら再度反省。見終わってから朝方に就寝する。

②1日目（登板の翌日）　昼に起床して球場に行き、有酸素運動やストレッチ、ウエイトなどのトレーニングを行なう。全身を細かくチェックして、前日に投げたにもかかわらず、少し強い刺激を与える。

夜になったら次の対戦相手の研究をする。自分が登板した直近の映像やこれまでの試合の映像も5日間かけて見る。

③2日目　前日と同じように有酸素運動を行なう。前日よりも刺激の強い、力を加えたメニューと肩の稼動域を十分に広げるための遠投もやる。ウエイトトレーニングが終わったあとは、身体に故障がないか、マッサージをしながらしっかりチェックする。

④3日目　ブルペンに入り、100球程度のピッチング練習をする。この日は朝から炭水化物を摂らないが、ウエイトトレーニングのあとは、カーボ・ローディング（炭水化物の摂取）をする。

⑤4日目　ピッチング練習を前日投げた半分くらいの球数だけ行なう。その後、ダッシュ系のトレーニングをして体幹を鍛える。

⑥5日目　トレーニングは一切なし。ゲーム前のバッティング練習で、セカンドのポジションで守備練習をして、翌日の登板に備える。翌日に登板し、①から繰り返す。

こういった具合だ。中6日のローテーションの場合だと、③の2日目を完全オフにする。そうしてコンディションの起伏をつくっていたのだ。

また、映像でチェックすることも重要視するようになった。ボビーと一緒に来日したバ

ッティングコーチのトム・ロブソンさんに、「どうしてマリーンズのバッターは打てるようになったんですか？」と訊ねてみると、

「オレは何もしていない。ただ選手に『自分の打っている映像を見ろ。映像こそが最高の教科書だよ』と言っただけだ」

と答えてくれた。自分が思ったような結果が出ていない選手は、どこかがずれている。もし壁にぶち当たったら、おかしいと思ったときには、いい状態の映像をチェックすればよい。いい状態と悪い状態を重ねて比較すれば、どこが悪いのか必ずわかるものだ。悪いところが発見できれば、その部分を修正することは難しいことではない。

「ここが悪い」と言葉で言うよりも、映像を見たほうがいい。だからこそ、ロブソンさんは、「映像は最高の教科書」だと言っていたのだ。

私自身、日常的に映像とイメージを比較することで、自分のピッチングを俯瞰《ふかん》的に見られるようになった。「どこかおかしいな」と違和感を覚えたときに、「ここがこうなっているから修正しよう」と的確に把握できたのは何よりも大きかった。

こうした調整法は最初からうまくいったわけではないし、登板日の前日に一切ボールを投げないことへの不安があったのはたしかだ。けれども、思い切ってトライし、継続していくと、徐々によい結果が出るようになっていく。

何かを身につけようとするときには、何度も何度も壁にぶち当たって、それを乗り越えようと努力しないといけない。自分の力で「正しい」と思うことを見つけ出して初めて、自分の中で「絶対」になるわけだから、「絶対」を探し出せるように、こうした時期を乗り越えていくことも大切なのだ。

「スポーツとしての野球」として楽しむことを選手に求めた

この年のロッテは、シーズンが開幕した直後は4勝12敗と思うような結果が残せずにいたが、ボビーは「開幕ダッシュに失敗した」などとは毛頭思っていなかった。「開幕ダッシュ」という言葉は、どうやら日本にしかないらしいということを、このあと私は知った。

だが、6月の後半を境に快進撃が始まった。首位のオリックスとは13ゲーム差あったもののの、投打のバランスがとれ、試合を重ねるごとに、「野球ってこんなに楽しかったのか」と感じ取ることができたのだ。

ボビーはデータの必要性を重視し、さまざまな角度から相手チームの力量を把握しようと努めた。だが、データを決して鵜呑みにはせず、自分が最終的にどう采配をふるうか相当細かくシミュレーションを繰り返していた。そうした過程を経て、ロッテは前年までとはまったく別のチームへと変貌していった。

さらにボビーは、私たち選手に対して、「ああしろ、こうしろ」とは一切言わなかった。選手同士で、「こうしたほうがいいんじゃないか?」とディスカッションできるムードをつくるのがうまかった。そうして「自分たちで考えることができるチーム」へと変わっていったのだ。

それまでの日本人監督と比べて、雰囲気づくりの点では異なっていたように思えたが、ボビーが特別変わったことをしているという意識はまったくなかった。チームが一番変わったのは、結果を恐れず、思い切ったプレーができるようになったことだ。

「まずはやれることをやってごらん。私だってあなたが『できる』と思っているから起用するんだ。何も恐れることはないんだぞ。結果は度外視したっていいんだ」

ボビーが求めたのは、野球を楽しむこと。「勝った負けたは、あとからついてくるけど、勝ったほうが負けたときよりこんなに楽しいんだぞ」という発想だったのだ。

これが日本人的な考えだと、「楽しみの前には苦しみがある。苦しさを乗り越えて初めて楽しさを味わえる」となる。そのことを象徴する出来事として、ボビーはこの年の春季キャンプで「1000本ノック」を自ら受けた。

当時GMだった広岡達朗さんが若手選手に対して、「足腰が立たなくなるくらい練習して、初めて技術が身につく」と言ったことに対し、「足腰が動かないのに、技術が身につくはずがない」というのがボビーの主張するところだった。

そこで彼は、「ノックを1000本受けることにどれだけの効果があるのか、経験したことがないから経験してみる」と考え、自らノックを受けた。そこで出した結論は、「達成感はあるが、成果については疑問だ」ということ。これを機に、ボビーは「スポーツとしての野球」を実践するよう、私たちに求めた。

「敗北のなかにも楽しみはある」、「苦しまなくたって、楽しめるでしょう」とシンプルに考えたことで、選手全員が、「ようし、一丁やってやるか」という気になったのだと思う。ボビー独特の采配や起用法は「ボビーマジック」と呼ばれたが、こうしたポジティブな発想を選手の心に根づかせてくれたことも大きかった。

そしてボビーは選手とコミュニケーションをとることをよしとしていた。「自分が監督だ」という雰囲気はまったく出さず、試合が始まるまでは、〝どこにでもいる、普通のおじさん〟になりきっていた。

では選手全員が英語がわかったのかといえば、そんなことはない。ボビーには1995年開幕前までの大慈彌功さん、開幕後の糸柳春季さん、2004年の二度目の就任時には中曽根俊さんという優秀な通訳がついていた。彼らは、片時も離れずにボビーについて回り、スラングの混じったわかりにくい英語にも対応していた。だが、試合前の練習などでは、選手とのコミュニケーションはかなりの部分を、日本語を使って話していた。

ボビーの日本語能力の高さは、番記者も証言している。これは二度目の監督になったときのエピソードだが、試合後になると、ロッテの各新聞社の担当記者たちは、監督室に入ることを許され、デスクに座るボビーにその試合について質問して答えてもらうことになっていた。

ボビーは記者が日本語でする質問を、中曽根さんが英語に訳すのを待って答えていたのだが、負け試合のあとでイライラしていると、記者からの質問が飛ぶと中曽根さんの訳を待たずに答え始めることがあったと、当時の記者連中から聞いたことがある。つまり、ボビーは記者の日本語が聞きとれているからこそ、こうした対応ができたというわけだ。

そんなこともあり、私だけでなく選手のほとんどがボビーのことを大好きになっていた。日本人監督にはないフレンドリーさ、たとえ負けが込んでも慌てず騒がずいつも通りのコミュニケーションを貫き、何かあったときには明確に理由を言ってくれたので、選手も必要以上に不安になることはなかった。チームメイトの誰もが「この監督の喜ぶ顔をもっと見たい」と思っていたはずだ。

日本的な考えを排除した選手起用

結局、私は95年のシーズンは、先発で25試合に登板し、11勝4敗で防御率2・60という成績を残した。防御率のタイトルは同僚の伊良部秀輝が獲得したのだが、シーズン最終戦となる西武戦で、私が先発で5イニング、伊良部が6回からリリーフでマウンドに立った。

実はこの試合まで、私と伊良部は僅差で防御率のタイトルを争っていて、最後の試合で私たちのどちらかがタイトルを獲れるよう、そのチャンスを与えてくれたのだ。結果的に私の自責点1に対して、伊良部が自責点0で、防御率のタイトルを手中に収めた。

さらにボビーは私たちだけではなく、西武戦の前まで3割1厘の打率だった初芝清を、スタメンで起用した。この試合で4打席立ったとして、1本ヒットが打てれば3割はキープできるが、万が一、ノーヒットに終われば打率は2割9分9厘となり、シーズン打率が3割を切ってしまう。

そのことを心配した日本人のコーチは、ボビーに最終戦は初芝を起用しないように進言した。試合に出場しなければ、初芝は「3割打者」の仲間入りができる。このときに限らず、日本球界ではこうしたやり方を潔しとしていた。

だが、ボビーはこうしたアドバイスもまったく意に介さず、最終戦でも初芝を起用した。ボビー曰く、

「初芝はこれまでもチームのピンチを必ず救ってくれた。この試合でも、姑息な手段をとらなくても、必ず自らのバットで3割を勝ち取ってくれるに違いない、と信じていた」

ということだったが、この日、西武球場に足を運んだファンに対して、ケガでもないのにチームの主力打者である初芝をスタメン起用しないのは許せなかったとも考えられる。いずれにしてもボビーが、いわゆる「日本的なやり方」に対して、違和感を持ち続けていたことだけは間違いない。

そして初芝は、この試合の1、2打席は凡退したものの、第3打席の初球をとらえ、見事レフトスタンドに放り込むホームランで打率3割を確定した。最終戦を欠場するという「日本的なやり方」をせずに、堂々と3割を決めた彼にとっても、胸の晴れる有意義なシーズンであったに違いない。

けれども、そんなボビーもこの年のシーズンだけで解任された。優勝はオリックスにさらわれたものの、結果的には2位と前年から大きく躍進したにもかかわらず、ユニフォームを脱ぐこととなった。理由はいろいろあるだろうが、ここでは語るまい。

だが、私はボビー・バレンタインという男に心酔していた。ボビーによって野球の新たな見方や考え方を得ることができたのは、私にとって大きな財産となった。「野球」と「ベースボール」は違う。それまで日本にやってきた外国人選手が口々に発することではあったが、私はその違いについて詳しく考えたこともなかったし、また知ろうともしなかった。

だが、ボビーと過ごした1年で、その違いを実感するようになった。私はそれまでに、「チームの順位はどうであれ、プロとしての仕事を全うするんだ」と自らに言い聞かせながらプレーしていたが、強いチームと弱いチームとでは、チームワークがこんなにも違うのかと、プロの世界に入って初めて知った。

プロ野球の半年にも及ぶペナントレースという長丁場を戦う競技では、みんなが同じほうを向いて戦うことが重要だ。ボビーはそのために選手に圧力をかけたり、ああしなさい、こうしなさいといちいち指示を出すようなこともなく、「苦しまなくたって野球は楽しめるんだよ」、「自分たちで考えてごらん」と見守ってくれた。

そして「いつかまたボビーと一緒に野球がやりたい」と考えるようになったのも事実だった。それは後述する２００２年のニューヨーク・メッツで叶えられたが、日本でも２００４年から再び、ロッテで共に戦うことになる。けれども、この94年から95年に経験した

「ボビーと過ごした1年」がなければ、私のメジャー挑戦もなかったかもしれない。

早稲田大学野球部の石井監督、アイク生原さん、デドーさん、そしてボビーにトムさん……人と人との出会いは偶然のように思えるが、彼らと出会えたのは私にとって必然であり、その後の人生を決定づける役割を果たしてくれた。今でも本当に感謝するばかりである。

第四章　「おとなしい」ピッチングフォームをつくり上げるために

ピッチャーの身体の使い方は一人ひとり違う

ピッチング理論が確立され、投球動作に含まれる一つひとつのことが分析されるようになったのは、１９８０～90年代のことであるが、それから20～30年たった現在は、その理論がさらに進化している。ということは、それまで当然とされてきた考えが、少しずつ修正されていく過程でもあったわけだ。

昔の野球界は経験からでしか物事を判断できなかった。もちろん経験が大事であることは事実ではあるが、現代の野球では映像を使ってピッチングフォームの際の身体の動きをこと細かに解析し、正しいピッチングフォームを身につけることが可能となった。

ピッチャーの身体の使い方は、一人ひとりが皆違うし、投球理論の解釈だって、人によって捉え方が異なるかもしれない。だが、ピッチャーであれば必ず知っておきたいピッチングのセオリーというものが存在する。ピッチャーはできるだけ早く、そのセオリーを自分のものにしておくほうがよい。それこそが正しいピッチングフォームを身につける近道だからだ。

ピッチャーがボールを投げる正しい動作を身につけるためには、最大限の能力を引き出すために行なう一連の動きを学ぶところから始める。ここでは第一章でも引用したトムさんとライアンの著書を参考にさせていただいた。

ピッチングフォームのメカニズム

両足はプレートに乗っていて、ボールはグローブのなか、目はキャッチャーを見つめている。足を後ろ、もしくは横に小さくステップさせることによって、体重を移しながらノーワインドアップモーションを開始。足を蹴らずに上限まで上げ、両手は上体の重心あたりに下ろされる。

そして足を踏み出すように下ろし、身体の前の部分、グローブ、ひじ、肩、腰、かかと、そして最後に足、これらがホームプレートを向くように身体を前に倒し込んでいく。手は重心が前に移るにしたがって、グローブを離れ、踏み出した足はまさに着地しようとする。このとき、両ひじは肩の高さにあり、利き腕はボールを投げるのにベストな位置に達している。そこから腕を振るのは上体であり、その振りによってボールが放たれる。

メジャーのトップレベルのピッチャーはもちろんのこと、日本でも一軍に入るレベルのピッチャーの9割以上は、これらの動きをスムーズに行なっているため、一般のファンからすれば、どれが正しいフォームなのか、よくわからないはずだ。

無論、こうした動きは簡単にマスターできるものではない。長い練習と理論の反復が必要となるし、理論については4つの構成要素を正しく理解しなければならない。それが第一章でもふれた「バランス」、「方向」、「球離れ」、「体重移動」なのである。

まず「バランス」だが、これは重心を安定させるための能力である。大切なのは、持てるエネルギーのすべてを真っすぐホームプレートに向かって放出できる姿勢をとることだ。身体のバランスを損なうような、ムダな動きがあってはならないのは、当然のことといえよう。

理想的なバランスはどのピッチャーも同じであるが、踏み出すほうの足を高く上げ、両手があごとヘソの中間にある身体の重心の位置にきたら、そこがバランスのポイントだ。この時点で、手とグローブは左ひざ（左ピッチャーなら右ひざ）の上にあるのが望ましい。

頭の位置は軸足の延長線上にある。バランスを保って足を高く上げることによって、リリースするボールのポイントの位置も高くなる。

バランスの次は上げた足を下ろす際の方向である。利き腕の親指を下に向けることで、ボールの離れるポジションまでひじは高く上がる。そしてグローブを持つ手、ひじ、肩、尻、ひざ、足がホームベースに向かって一直線になっていかなければならない。また胴はこの時点でねじってはいけない。

そして球離れの瞬間である。グローブを持っている側のひじと、利き腕のひじの高さは、ボールを離す直前は同じ高さになければならない。そして胸を張ることでボールに力が出るので、前の腕はひじのところで直角に曲がっていることが重要だ。

前の腕、手首、そしてグローブは身体の前面にあることが大切だ。こうすると、バッターからはピッチャーが放った瞬間が見えにくくなる。

次に体重移動である。ここはいくつかの段階を経て、完成されていく。ひじに導かれて利き腕が振られ始めると、右ピッチャーでいうところの右半身は、体重が踏み出す足に移行するにしたがい、左半身と入れ替わり、左右の肩の位置も入れ替わる。この際、頭の位置は左ひざの延長線にある。これらはボールに最大限の力を与えるうえで必要な動きだ。

ボールがピッチャーの手から離れた瞬間、ひじに先行して曲がっていた腕と手首は真っすぐになったあと、手首が回転してすべての力は指先に集約される。

投げ終わったら親指が腕をリードする形になり、腕、腰、足のすべてのフォロースルーは終了。ピッチャーの頭と上体が、踏み出した足のひざを過ぎて前に出た時点で、重心の移動は完了する。投げ終えた腕のエネルギーは、肩で吸収せずに上体と腰を伝わって両足に移って投球が終わる。

万人に共通する理想的なフォームというのはありえない

このように説明した流れで、日米トップレベルのピッチャーのピッチングフォームを見ていくと、おとなしく投げるフォームになっていることがわかる。とくに先発で長いイニングを投げるピッチャーともなれば、自分の骨格や筋肉量に合ったフォームを身につけているものだ。

ただし、残念ながら万人に共通する理想的なフォームというのはありえない。フォームのなかで共通する動き、姿勢などは断片的にはあるものの、一連のピッチングフォームのなかでの動きとなると、それぞれの選手たちに個性があり、必ずしも同じものになるとは限らない。

自分の身体に合ったピッチングフォームを身につけるには、身体を鍛え、技術を身につけることが重要なのは言うまでもないが、やみくもに反復練習をすればいいという話でもない。今の自分の身体の状態をよく知ったうえで、トレーニングにとりかかる必要がある。肩やひじ、股関節周辺の柔軟性はどうなのか、足腰の強度はどのくらいあるのかなど、己の身体を知り、何をすべきかしっかり考えて練習することが大切だ。

さらに中学、高校と身体の成長過程においては、球速を上げることよりも、「おとなしい」ピッチングフォームを身につけることを薦めたい。最近では高校野球の地方大会でも、球場によっては球速が表示されるところもあり、ピッチャーが意識しすぎてしまう、などということを聞いたことがある。

スピードは身体ができあがれば自然と増していくが、一度ピッチングフォームの悪い癖が身についてしまうと、ひじや肩はもとより、ひざや股関節などの部位にも、知らず知らずのうちに負担をかけてしまい、思わぬ故障を招く原因にもつながってしまう。

だからこそ、「スピードよりもコントロール」、これを念頭に置いたピッチングフォーム作りをすることを心掛けてほしい。身体のできあがっていない時期に、スピードばかりを追い求めてしまうと、身体の何処かしらに無理が生じてしまい、結果的に「暴れている」ピッチングフォームになってしまうものだ。

海外の研究では、ボールを全力で投げるということにおいて、ひじが外側に引っ張られる力、つまり遠心力が大きくかかり、プロ野球選手だとボール１５０個分、少年野球でもボール60個分の重さがひじにかかるという。

そのうえ、身体が開くなどの悪いフォームのままだと、さらにストレスがかかるといわれ、身体ができあがっていない時期では、プロ野球選手に近い負担がかかっている、という驚くべき結果もある。だからこそ、「おとなしい」フォームの確立が重要となるのだ。

「暴れている」フォームの弊害とは

これはあるプロ野球チームに入団したあるピッチャーの話だが、この投手はフォームに課題があった。テイクバックの瞬間、腕を強く振ろうとするあまり、勢いをつけるのに頸反射を使ってしまっているので、投げる瞬間にあごが上がり、首が上を向いた状態になって身体をバタンと起こすような投球動作をしていたのだ。

一見すると躍動感があるフォームのように見えるかもしれないが、これではスタミナの消耗が激しく、肩やひじに何らかの故障をしやすくなる。高校時代からこのフォームで、145キロ以上のストレート投げることができたというが、プロ野球のペナントレースのように長い時間をかけて戦い抜くことのない高校野球だと、このフォームのせいでかかってくる負担も気にはならないかもしれない。

だが、プロの世界は違う。先発ともなれば週に1回は登板して100球から120球は投げなくてはならないし、ローテーションを守るためのコンディションを作る必要がある。

それにもかかわらず、「暴れている」フォームで投げていては、振り幅の大きな投げ方に耐えきれなくなり、ボールを離す直前に身体が上下に乱れてしまうので、うまくボールをコントロールできなくなってしまう。その結果、長いイニングを投げられるどころか、早いイニングでフォアボールから自滅してしまう可能性が高い。

実際にこのピッチャーはコントロールを乱し続け、期待された先発ローテーションから早々と外れて二軍生活を余儀なくされた。この場合、自分のピッチングフォームを一から見つめ直すつもりで改造に着手する必要がある。このとき、あごが上がり、顔が上を向いているのを抑える努力をするのではなく、なぜあごが上がってしまうのかその原因を探り、それを解決させなければならない。

繰り返すが、ただ速さを求めているだけではダメだ。体感したことのない速さなら別だが、現在はバッティング練習用のマシンのおかげで、いくらでも速いボールを打ち込むことができる。

理論上では、ある一定のスピードを超えると、人間では打ち返すのが困難とされているというが、現時点では人間がそのスピードボールを投げることは不可能だともいわれている。つまり、ピッチングマシンのなかった時代は別として、今では練習できない速さのボールはないということだ。

それが「今の野球はバッターが有利」と言われている所以だが、スピードガンコンテストのように、スピードばかりを追い求めてしまって、自分の肉体を故障してしまっては、元も子もない。このことだけは覚えておいてほしい。

メジャーのトップレベルは、「おとなしい」フォームをしている

ではメジャーでよいといわれるピッチャーはどうかと聞かれれば、トップレベルのピッチャーほど、正しいフォームで投げている。つまり、私が言うところの「おとなしい」フォームになっているのだ。

しかし、そうしたフォームを自分のものにするまでには、相当の時間と労力がかかるものだし、時にはピッチングフォームの改造に乗り出すことだってある。ピッチングフォームにおいて、ムダな動きがあり、ケガをしそうな、間違った動きをしていたら、改善しなければならない。そしてそのプロセスで、柔軟で伸縮性に富んだ筋肉をつくり上げることも必要となる。なぜなら、筋肉が柔軟になればなるほどケガが少なくなり、ピッチング能力を最大限にまで引き出すことが可能となるからだ。

もちろん、ピッチングフォームを変えることは非常に勇気のいることだ。「それまでよりも悪くなったらどうしよう」と不安を持つのは当然のことだし、実際にそのために成績が悪くなってしまったら、自分の給料が下がったり、最悪の場合、「戦力にならない」と球団から判断されて、解雇を言い渡されることだってある。それでも「ピッチングフォームを変えないよりは変えたほうがいい」という場合だってあり得るのだ。

だが、ピッチングフォームをいじりすぎておかしくなるピッチャーもいれば、欠点と言われる部分を持っていても、あえていじる必要がないピッチャーも存在する。この点は指導者がきちんと見極めなければならない。

ピッチングフォームを変えることの功罪

プロの世界では今のピッチングスタイルがよくないと判断すれば、ピッチングコーチと話し合って、ピッチングフォームそのものを変えようとするピッチャーもいるが、これは大きな賭けであり、リスクが高い。

変えてよくなれば別に問題はないのだが、変えることによって悪くなってしまうこともある。たとえば、日本とメジャーとでは、マウンドの硬さやボールが滑るといった違いから、メジャーのスタイルに順応しようとして、ピッチングフォームの改造に取り組んでみたとする。結果、ステップが小さくなったり、重心が高くなったりと、それまでとはまったく違う投げ方になってしまう、などということだってある。

そうなると、周囲は「このピッチャーの長所はなんだったのだろう？」と考えてしまうものだし、本人だって、「こんなはずではなかった」と焦るものだ。だからこそ、故障がちになってきたとか、まったく勝てなくなったとか、長いイニングを投げられなくなってきたなど、ピッチングフォームを変えるべき理由がない限りは改造しないほうがいい。

ただ、ピッチャーによっては、「身体の使い方を変えた」と自信満々にフォームを変更したことを教えてくれる者もいるが、第三者から見れば、「えっ、どこが変わったの？」という程度しか変わっていないケースもある。

そうではなくて、見るからに変えた場合は、本当によいフォームに変えられたのかどうか、周囲の指導者も見極める必要がある。今まで使うことのなかった筋肉や関節の動きをしているとすれば、思いきり投げることによって、そうした部位を痛めてしまうことがあるかもしれない。それだけに、フォームを変えることは容易ではないということだ。

ただし、ピッチングフォームを改良した結果、故障したとしても、「あのとき、変えなければよかった」、「このケガさえなければ」などと悔やんでばかりいても仕方がない。故障したことによって生じた時間を利用して、今まで目を向けなかった栄養管理やコンディショニングの方法を勉強したり、故障の原因となってしまったフォームを今一度研究するなどしたほうがよい。

技術があって、キャリアが長い選手ほど、身体のどこかに故障を抱えている場合が多いものだが、一流といわれる選手ほど、自分なりにしっかりケアを行なっているものだ。そしてすべてを受け入れ、ポジティブに考えられる精神的強さも持ち合わせている。

ケガをしたことをいつまでも悔やむことなく、「しっかり直して以前よりも強い選手になる」、「ピンチはチャンスだ」などと、プラス思考で考えられるようになることが重要だ。

修正するべき悪癖なのか、個性なのかを見極める

ピッチングフォームにおいて、身体が早く開いてしまうアウトステップ、反対に身体が早く開くのを抑えるためにインステップで投げるピッチャーがまれにいる。

前者はバッターにボールを早く見せてしまうことで、次にどんなボールを投げるのか、球種がバレやすくなってしまうし、スピードやキレのあるボールが投げずらくなるために

修正する必要があるが、インステップの場合は修正しなくてもよい場合がある。

インステップすると、右バッターは背中越しからボールが来るような感覚を覚え、バッターボックス内で腰が引けてしまいがちだ。プロ野球の世界でも変則ぎみに投げるサウスポーや、外国人のピッチャーのなかには、インステップ投法をあえて取り入れているピッチャーも少なくない。これに身長が190センチ以上あるピッチャーの場合だと、上背があってリーチもあるから、よりその効果が大きくなる。

ただし、インステップすることによって、腰の回転と、股関節の動きは三塁方向に向くのにボールを投げる右腕はホームベースに向かうので、いらない捻りが加わってヒジ、肩、腰、股関節、膝に負担を与えてしまう。

そのため、ボールを離す瞬間に指にボールが引っかかったり、抜け球が多くなったりするという不安が、同時につきまとうものだ。また、ボールがシュート回転してしまうため、アウトコースに投げたつもりが、ど真ん中に入ってしまう危険性も同時にはらんでいる。

たしかに外国人ピッチャーの場合だと、インステップしても上半身が強く、肉体的な負担は少ないから、この投げ方でも問題は少ない。日本人ピッチャーの場合でも、投げる瞬間にあごが上がってしまうというような欠点もなく、他にも何か故障に直結しそうなフォーム上の問題がなければ、無理にフォームを変える必要はないだろう。

一番腕が振れるのがインステップで、シュート回転していてもそれが相手バッターにとって脅威になるのだとしたら、下手に修正してしまうと、これまでの長所が死んでしまうことも考えられる。おそらくこうしたフォームの選手は、小さい頃からインステップして投げていたのだろう。それを簡単に変えられるほど、ピッチングフォームの改造は甘いものではない。何より、その投球で打者を打ち取れているのであれば、そのままでよいというのが私の考えだ。

一度身体にしみついた感覚というのは、ちょっとやそっとでは変わらない。ピッチングフォームを変えることは、とても労力と時間を必要とする作業であるということを、指導者や選手は心得ておいたほうがいいだろう。

村田兆治さんが引退しても、１４０キロのストレートが投げられるワケ

ロッテ時代の大先輩でもある村田兆治さんが、現役を引退されてからマスターズリーグに出場し、50代になっても１４０キロを超えるストレートを投げる姿を見て、「すごい！」、「まだ現役でできるんじゃないか⁉」などと、感嘆された方もいらっしゃるはず

だ。

なぜ村田さんが50歳を超えてもあれほどのストレートが投げられたのか、それは日頃の節制の賜物である。つまり、村田さんは140キロを超えるストレートを投げられるような生活を、普段から送っているのだろう。

「投げる」という動作を習慣的に行なわなくなると、同じようには投げられなくなる。これは間違いない。昨年、早稲田大学の野球部の練習の手伝いになればと、バッティングピッチャーを買って出たことがあったが、「バッターを打たせる」ことだけでいえば問題なく投げられるが、「バッターを抑える」ためのピッチングとなると話が違ってくる。要は下半身が使えるかどうかの違いなのだが、これこそ普段のトレーニングがモノを言うのだ。

引退すると現役時代のような走り込みなどをしなくなるために、下半身主導のピッチングフォームではなく、上半身に頼った手投げのフォームになってしまう。これではスピードはもちろんのこと、キレのあるボールなど投げられるはずがない。

私も大学生相手のバッティングピッチャーならコントロールに注意しながら投げればいいので、ある程度は投げられたが、バッターを抑えるために投げるとなれば、そうはいかない。走り込みをして下半身を鍛えておかないと、キレのあるボールを投げることができないのは事実だし、元プロ野球のピッチャーだった人が、現役を引退してから往年のようなボールが投げられなくなってしまうのは、体型の変化とともに身体、とくに下半身を鍛えていないことがその要因といえるだろう。

だが、村田さんは違う。見た目も現役時代とそう大きく変わっていないし、日頃からランニングなどをして下半身を鍛えているのだろう。そうでなければ50代で１４０キロ前後のボールを投げることなどできないし、また鍛え続けていればこれほどのボールを投げられることを証明してくれたともいえる。

〝マサカリ投法〟というあの個性的なフォームから投げられる力強いボールの背景には、それを支えるだけのフィジカルと投球理論を持ちあわせているということだろう。そのコンディショニング、またかつてヒジにメスに入れた経験を持つことも含めて、現役の投手たちにとって、学べるところが多い存在なのではないだろうか。

ピッチングフォームは、幼少期につくられる

こうして見ていくと、どのピッチャーの投げ方がよくて、反対にそうではないのかがよくおわかりになられたかと思う。ではどの時期にムダのない、おとなしいピッチングフォ

ームになるよう指導していけばよいのかといえば、私は小さい頃から身体に叩き込ませておかなければならないと考えている。

「なくて七癖」とはよく言ったもので、幼少に投げていたときの身体の使い方は、大人になってからもそう変わるものではない。小中学校時代に「あいつの投げるボール、すごい速いんだぜ」と言われて、投げ続けた結果、上のレベルで野球をやることになったときにフォームの欠点が発覚しても、そう簡単に変えられるものではない。

この段階でピッチングフォームの改善を試みたところで、身体にフォームがしみ込んだ分だけ時間が必要となってくる。それくらいピッチングフォームは簡単には変えられないものだ。プロのピッチャーでも、「僕は今年、これだけピッチングフォームを変えました」と話したところで、傍から見れば、「えっ、どこが変わったの？」と聞きたくなるくらい微妙な変化でしかない、というのは、よくある話だ。

ただし、「自分が劇的にピッチングフォームを変えなければいけない」と自覚しているのであれば、フォームは変えられる。本人が「今のままではまずい」と思っているのだから、このときは徹底的に修正すべきタイミングである。

とくに私が「暴れている」フォームと指摘したタイプのピッチャーに共通する動きは、右ピッチャーの場合でいえばステップする際に左肩が上がり、ボールをリリースする瞬間に、顔が斜め上を向いてしまっている状態だ。この点については、現在このようなピッチングフォームになってしまっているピッチャーは、真剣にフォームの修正を検討してもらいたい。

「ピッチャーは壊れるもの」、そう話した古田の真意とは

私がこのように考える一方で、ピッチャーに関して別の見方をしている人もいる。元ヤクルトの古田敦也だ。彼は私と同じ1989年のドラフトで2位指名され、その後は2007年に引退するまで、第一線で活躍し続けた。とくに大学、社会人を経由して2000本安打を達成したのは初の快挙であり、野球界で一時代を築いた名キャッチャーといえる。

その古田と引退後に話をしたときに印象深かったのは、現役時代はピッチャーのことをまったく信用していなかったという話だ。構えたところにボールが来ない、要求した通りの球種を投げてこないなど、いくつかの問題を指摘したのに続き、「そもそもピッチャーは壊れてしまうもの」だと言うので驚いた。

「たしかにローテーションに入っているピッチャーだったら、1年間投げ抜いてほしいと

願っている。それでもチームを優勝させるために一生懸命になればなるほど、ピッチャーの肩やひじは疲労が蓄積されていく。その結果、身体が悲鳴を上げてパンクしてしまう」というのが、古田の言い分である。彼はヤクルト時代に、川崎憲次郎（88年ドラフト1位）、岡林洋一（90年ドラフト1位）、伊藤智仁（92年ドラフト1位）ら、チームの屋台骨を支えてきたエース級のピッチャーが、チームのためにと奮闘した結果、ひじや肩を痛めて次々と離脱していった様子を見てきている。古田の考えの背景にはこうした経験があるようだ。

ピッチャーの立場から言えば、ひじや肩が壊れないようにするために、日ごろからトレーニングなどで身体のメンテナンスを行なっている。しかし、それでも万が一の事態になってしまうことはたしかにある。

そこで古田は、「ピッチャーは壊れるのだから、いくらでもいたほうがいい」と主張したのだ。ピッチャー出身の私からすると、考えたこともないことだったが、なかなか興味深い見方をしているなと思ったのも、また事実であった。

第五章　日本の野球はレベルが高いのか

高校野球史に残る名勝負も外国人から見たら……

メジャーリーグのピッチャーはどうしてトミー・ジョン手術を受けるのに躊躇しないのか、不思議に思う方もいらっしゃるかもしれない。だが、それこそが日本人と外国人との考え方の違いなのだ。

第一章でもお話ししたが、彼らは日本人が想像する以上に、容易にひじに「メスを入れる」という選択をする。リハビリを含めて多少ブランクができるが、それでも痛みなく完治するなら、そのほうがいい、といたってシンプルに考えているのだ。これは、「メスを入れる」のは悪と考える日本人にはない発想だし、反対に日本人のこうした考え方は外国人には理解できないもののようだ。

これと同じことが日本の高校野球にもいえる。炎天下の真っ昼間に、持てる力のすべてを注ぎ、観客は球児たちの一投一打に熱狂する。日本人にとっては、甲子園の高校野球は夏の風物詩として定着しているので、この時期に行なうのは当然のように思えるが、外国人から見ると、「1年で一番暑くなるこの季節に、なぜわざわざ体力を消耗させるようなことをさせるんだ」となる。

今から17年前、1998年の夏の甲子園の準々決勝。第1試合で横浜高校とPL学園が対戦していた。横浜高校のエースは松坂大輔（福岡ソフトバンクホークス）。延長17回まで続いた試合は、9対7で横浜高校が勝利を収めた。

朝8時半に始まった試合は正午を過ぎ、3時間37分の熱戦で、松坂は試合後に、「野球人生で一番苦しい試合」と語り、この試合だけで250球を投げた。現在にいたるまで、「甲子園に語り継がれる伝説の試合」であることには間違いないだろうが、当時のロッテに在籍していたアメリカ人投手のブライアン・ウォーレンは、この試合をテレビで見るなり、驚いたような表情を浮かべた。

「日本では高校生にこんな過酷な環境で試合をやらせるのかい？」

そうだよ、と私が顔色ひとつ変えずに答えると、彼は大きく首を横に振りながら続けてこう言った。

「もしオレがハイスクール時代にこんなところでプレーしていたら、オレの親父は間違いなく監督と主催者に怒鳴り込みに行ってるぜ」

日本にやってくる外国人選手がまず驚くのが、春の甲子園である。プロではない、高校生の野球大会がテレビで全国中継されていることなど、アメリカではあり得ないというのだ。

そして次が夏の甲子園である。過酷な暑さのなかで文句を言うどころか、「甲子園出場」を合言葉に、全国の予選を勝ち抜こうと必死にプレーする高校球児たちと、彼らの一投一打に感動する一般の観客たち。それを初めて見た外国人選手たちは、「こんなクソ暑いのに、おかしいんじゃないか」とただただ驚くばかりだ。とくにウォーレンは、この年の6月、台湾球界からロッテに途中移籍した経緯があったため、日本の野球文化についてまだ知らないところが多かったようだ。けれど、暑い最中に開催されている高校野球を見て、「おかしいんじゃないか」と思う感覚は、やはり日米の文化の違いというしかない。

高校野球が日本で揺るぎない地位を獲得したのは、マスコミによるところが大きい。それによって、普段野球に興味のない人たちであっても、「夏の甲子園＝高校野球」とイメージできるようになった。どんなに熱狂的な阪神タイガースのファンであっても、「夏の甲子園」と聞かれて、「阪神」とは答えないだろう。「夏の甲子園」といえばそれは高校野球のことであって、それが高校球児の目標となっている。

さらに高校球児からすれば、甲子園は聖地であり、人生における一大イベントだ。幼い頃からここを目指して一生懸命練習し、「甲子園で野球は終わり」と考えている球児だってたくさんいる。アメリカの人たちには理解できないかもしれないが、高校野球の甲子園大会はなくすべきものではない、というのが私の考え方の根底にある。

アメリカの少年野球で見た、日本との違い

アメリカに渡って、少年野球を見る機会があったが、そのとき感じたのは、「日本とアメリカの文化の違い」だった。ここで言う「文化の違い」とは、考え方の違いと言い換えてもいいだろう。

こんなエピソードがある。ある少年野球の試合で、とんでもない高めのボール球を空振りした。日本だったら監督から、「バカヤロー、なんてボール球を振ってるんだ！」と怒鳴られかねないようなボールである。

だが、次の瞬間、そのチームの監督は手を叩いて「ナイススイング！」と褒めていたのだ。彼からすれば、「よくチャレンジして振った」という思いだったのだろうが、日本人からすれば、こうした発想は理解できないかもしれない。

「ボール球は振るな。ストライクだけを打て」という日本と、「勇気を持ってスイングすることが大切だ」というアメリカの考え方には、大きな隔たりがある。

それに好球必打というのが、アメリカの人たちには理解できないらしい。つまり、「好球ってなんだ？」というのが彼らの考え方だ。

一般的に私たちが考える好球とは、真ん中から高めのボールのことを指す。だが、「そんな打ちごろのボールが、本当に投げられてくるものだろうか？」というのが、メジャーの選手たちの考え方だ。

バッターボックスに立ち、ツーストライクになってから空振りすれば三振だが、その間、日本人の考える「絶好球」が本当に来るかどうかなんて、実際にバッターボックスに立ってみないとわからない。いや、「絶好球なんて来ることはないさ」と考えるからこそ、真ん中に限らず、インコースやアウトコースでも「打てそうだ」と判断したボールを打ちにいく、というのが彼らの主張するところである。

これはたしかに一理ある。インコースの厳しいストライクゾーンに3球投げられて、手を出さなければ三振してしまう。それならばインコースに厳しくコントロールされたボールを振りにいくしかない。これは当然の発想といえよう。

その一方で、高めや低めのクソボールを空振りするのは、見送ればボール球なのだからもったいないなと考えるのもまた事実である。この点で、リトルリーグ、とりわけ小学生段階ではアメリカより日本の選手のほうが優れていると私は思う。体力的にはまだまだでも、基礎的な技術に関しては、「ストライクだけを打ちなさい」と厳しく指導されている日本の子どもたちのほうが上であることは間違いない。

指導者が果たすべき役割とは

その一方で、指導者の役割においても、これまた日本とアメリカとでは大きな違いがある。少年野球レベルの場合、日本でもアメリカでも、基本は報酬を受け取らないボランティアだ。そしてアメリカの場合だと、テクニカルな指導はまったくしない。ただ手を叩いて、「いいぞ、がんばれよ」と声をかける程度である。

これが日本だと、まだ技術も体力もなく、単に野球を楽しみたいという子どもたちに対し、怒鳴り散らして、チーム内の雰囲気をシュンとさせてしまう指導者も多い。

この手のタイプは、野球経験者であるからこそ、厳しく指導するのだろうが、子どもたちからすれば、そんな指導を望んでいるわけではなく、打てなくても、エラーをしても野球を楽しめればいいと思っていることだってある。こうなると指導者と子どもたちとの間で、少なからず溝ができてしまい、指導者にとっても、あるいは子どもたちにとっても悲劇でしかない。

私は子どものうちは、野球の楽しさ、面白さを伝えていくことも大切であると考えている。たしかに指導者である大人からすれば、「なんだ、そんなこともできないのか」と思うこともあるかもしれないが、まだ経験が浅い子どもたちは、一つひとつのプレーをこなすので精いっぱいなのである。

うまくボールを打てたことや、アウトをとれたことに喜びを感じさせてあげることで、「もっとうまくなりたい」「こんなプレーもしてみたい」などと欲求も高まってくるはずだ。そのことを考えずに指導者がただ叱っているだけでは、子どもたちは、「失敗しないようにしなくちゃ」と委縮してしまうことだって考えられる。これでは子どもたちに野球の本当の楽しさを伝えることなどできないだろう。

そこで重要なのが親の役割である。親はわが子が野球を始めたときから、「ウチの子は飛び抜けてうまい」などとは思っているはずがない。まずは近所のチームに預けて、自分の子どもの力量がどのくらいか見極める。そうした上で、より高いレベルのチームにわが子を預けてみるのだっていいかもしれない。当然、子どもとも話し合い、「もっと実力の高いところでやってみたい」と本人も思っているのであれば、そのようにしてあげるのが一番幸せなことだ。

また、実力がそれなりに伴っていれば、噂を聞きつけた他のチームの関係者がやってきて、「ウチのチームでやってみませんか?」という誘いだってあるはずだ。

そうして気がついたら、名門リトルチームに入って、そのままシニアチームに上がり、高校は甲子園でも知られた名門の野球部に入る……これこそが、日本の子どもたちがプロへの階段を上がっていく図式のひとつであると思う。

野球がうまいかどうかは、ユニフォームの着こなしを見ればわかる

ではそうしたレベルの高いチームに誘われるにはどんな点に気をつけたらいいのか、あるいはそうしたチームの関係者がどこを見ているのかといえば、ユニフォームの着こなし、身だしなみである。

冗談のように思われるかもしれないが、野球の上手な子どもはユニフォームの着こなしもいい。反対にそうでない子は着こなしが今ひとつな子が多い。

実際に試合前のあいさつでホームに整列したときに、一方がきちんとユニフォームを着こなしていて、もう一方のチームがそうでなかったら、勝負の半分は決まったようなものである。それに、相手チームのユニフォームの着こなしがビシッとしていたら、この段階で、「おっ、強そうだな」と圧倒されてしまうものだ。

これは指導者が教えるべき部分なのだろうが、肝心の指導者も子どもたちの前でタバコをプカプカ吸っていたり、ポケットに手を突っ込んだまま、話をしているような光景を目

にすると、情けなくなってしまう。私も引退してから、全国を飛びまわって少年野球教室で指導したことも多々あったが、実際に子どもたちの前でタバコを吸っている指導者を目の当たりにしたことがある。

指導する立場の人間がそんな態度で子どもたちと接すれば、子どもたちも目上の人に対して礼儀正しく応対しなくなるものだし、「タバコっておいしいのかな」などと違った方向に考えが及んでしまう。

この点がわかっていないからこそ、子どもたちの前でも平気でタバコを吸っているのだろうが、こうした指導者が少年野球の現場で多いのは、本当に頭の痛いことである。

さらにいえば、子どもたちの走り方にも注目するとよい。走る姿勢はスポーツをするうえで動きの基本である。これがなっていなければ、打つ、投げる、捕るといった動作もおざなりになり、身体能力だってたいして発達していないだろうと推測できる。

中年以上の年齢になってからでも、甲子園とまではいかなくても、県大会でベスト8に入るレベルや、ある程度の強豪校で野球をやっていた人は、ユニフォームに着替えて、グラウンドに立って、ボールを打つ、投げる、捕る動きを見れば、「ああ、あの人は野球をやっていたんだな」と一目瞭然でわかるものだ。

反対に趣味や同好会程度で「地区予選を1回勝てればいいよね」というレベルで野球を

していた人は、大人になってからでもその程度のレベルにしか達していない。そのくらいに身のこなしの違いが出てくるものだ。

これほどまで大きな両者のレベルの差はどこから生じるのかといわれれば、小さい頃からどれだけ厳しい環境に身を置いて、身体の動かし方やメカニズムを学習してきたのかにかかってくるのだ。

子どものうちに、将来プロ野球選手になれるかがわかる

以前、早稲田大学で行なわれたスポーツ科学をテーマにした講演会にパネリストとして呼ばれたとき、同じくパネリストとして参加されていた元サッカー日本代表監督の岡田武史さんと話をする機会があった。

このとき岡田さんから、「野球をやっている子どもって、小学生くらいのうちから『この子は将来、プロ野球選手になれる』ってわかるものなんですか?」と聞かれた。私は迷わず「わかりますよ」と答えて驚かれたことがある。

小学生の段階で身体をきちんと使えない子は、その後、身体が成長していっても、絶対にうまくならない。たとえ高校や大学に行っても伸びることはないと、私は断言できる。

野球はボールを投げる、捕る、打つという基本の形ができていれば、そのまま成長していけばうまくなっていくからだ。

だが、サッカーの場合は違うらしい。小学校の段階では将来プロになれるかどうかの判断はできない。中学、高校と年齢を重ねていって突如成長することもあるのだと、岡田さんは話していた。

野球とサッカー、同じ球技でも質の違いがそうした結果を生んでいるのかもしれない。たとえばサッカーはボールだけを使用する競技だが、野球はボール以外にバットとグローブという道具を使用する。

サッカーが身体全体を使ってプレーするのに対し、野球は道具をうまく使うことで、プレーの質が高められる。つまり、小学生の頃にバットやグローブを上手に使いこなせていれば、身体はそのまま覚えているので、中学、高校と成長していけば、そこに体力が加わって、パワーやスピードがついてくる。だから、小さい頃からバットやグローブを上手に使えるだけのコツをつかんでいるかが重要なのだ。

動いているボールを打つコツをつかむには、それ相応の時間と労力が必要となるが、今は野球を存分にできる公園やグラウンドが、昔ほどない。「野球禁止」はもとより、「キャッチボール禁止」を謳っている公園も多いので、キャッチボールをすることさえ容易ではない。

さらに最近は「ティーボール」が小学校の学習指導要領に組み込まれたが、長らくソフトボールが、小中学校の授業から外されていたために、ボールを打つことを教えられる先生が現場で少ないという話も聞いた。これは子どもたちにとって悪循環である。

野球離れが叫ばれているが、公園やグラウンドなどで気軽に野球ができなくなり、ボールを打つコツや打ったときの面白さを知らないため、子どもたちから敬遠されてしまっているのかもしれない。

２０１４年に日本中学校体育連盟が発表した「中学部活動の競技別の部員数」によると、２０１３年にサッカーに逆転された野球の部員数は、前年の24万２２９０人から22万１１５０人に、サッカーの部員数は25万３５１７人から24万６１０１人と、その差はさらに広がった。

中学校の部活動の部員数で逆転されたということは、その世代の人気はサッカーのほうが上回っていることが明らかになったということだ。今後も同じ状況が続く可能性が高く、野球が再逆転する可能性はほぼないともいわれている。少子化の時代で子どもの数が減少している今、この現実を球界に携わっている人間は真摯に受け止める必要があるだろう。

温度差を感じとって、チーム選びをする必要がある

ここ数年の学生野球を見ていると、昔と比べてずいぶん変わったと思うことのひとつに、指導の仕方が挙げられる。

昔であれば、「お前何やってんだ、バカ野郎！」などと怒鳴れたものだが、今はそう言っただけで、「暴言を吐いた」と見なされ、最悪、監督職を解かれてしまう。歯を食いしばって勝利を追求することが、アマチュア野球のあるべき姿だと思っている私からすれば、今の時代の風潮をすべて受け入れることはできない。

私のような考えをよしとするA君と、そうでないB君のふたりがいるとしたら、それはもう一緒のチームでプレーはできないということを意味している。B君が「健康のために伸び伸びと野球をやりたい」というのであれば、厳しく指導するチームではなくて、草野球のように気楽にプレーできるようなチームを選ぶほうが、絶対にB君のためになる。

要は「歯を食いしばる目的」は何なのか、ということだ。たとえば「アスリートとして、最高記録を出したい」という目標があるとしたら、第三者から何を言われようと、自分を肉体的に、あるいは精神的に追い込みながら、結果を出そうと必死になるものだ。

だが、そんな目標を持っていない人が、歯を食いしばってやっている選手と同じ環境でやろうとすると、どうしても無理が出るし、その人にとってもマイナスにしかならない。その点を指導者が前もって説明して、入部を希望する子どもの線引きをはからないと、「このチームの指導者は厳しい」、「もうついていけない」と双方にとってよくない結果となってしまう。

昨年、私の母校である早稲田大学の野球部でも、たった1日練習に参加しただけで翌日から来なくなった新入生がいたと聞いた。今どきの学生らしいと言ってしまえばそれまでだが、早稲田大学の野球部は、1年生で入部したらその年の夏まで野球部の活動に参加し続けないと正式な部員として認められない、というルールがある。

細かくいうと、春の東京六大学のリーグ戦が終わり、少し早い夏休みが与えられ、秋のリーグ戦に向けた夏の練習時に再招集がかかったときにいるかどうかで決めるのだ。たとえ1年生の春からリーグ戦に出場していたとしても、その時点では正式な部員としては認められていない。

こうした状況をつくり出してしまったのは、過去に悪しき前例があったからに他ならない。甲子園で活躍した選手が、鳴り物入りで早稲田の野球部に入ってきたものの、まったくやる気が感じられずに、春のリーグ戦の途中でグラウンドに姿を見せなくなってしまうことがあった。「野球部の雰囲気になじめない」などという理由から、退部してしまったのだが、こういうことが実際に起きてしまうと、否が応でも何らかのルールを決めざるを得なくなってしまう。

もちろんこのようなことは、早稲田大学だけでなく、他の大学、あるいは高校の野球部でもいくらでもあるだろう。だからこそ、「歯を食いしばって野球をやりたいのか、そうでないのか」と考えることは大切だし、どちらを選択するかによって、どのチームに所属するのが自分にとって幸せなのか、見極める必要があるといえる。

甲子園に出ていなくたって、肩やひじは故障する

プロの選手になる際には、アマチュア時代に評価されるだけの実績があって初めて、ドラフトで指名を受けて、プロの世界に入ってくる。しかも甲子園に出て活躍したピッチャーともなれば、多かれ少なかれ注目を浴びて入団してくるものだ。

だが、そこにたどりつくまでの努力は並大抵のものではない。毎日ブルペンで何十球、何百球と投げて、ピッチングフォームのコツを見つけて自分のものにし、ここという勝負どころで要求されるコントロールを身につけておく必要がある。

夏場は炎天下で練習することはもちろんのこと、雨の日に足場のぬかるんだグラウンドでピッチングをして、雨中の試合にも備えておくといった練習だって、プロに入るレベルのピッチャーであれば、みんな経験してきているはずだ。

そう考えると、甲子園での連投が、有望なピッチャーのひじや肩を壊す要因になるのかといえば、それだけが原因とは考えにくい。

たとえば2014年10月、巨人の菅野智之が右ひじ痛を発症した。診断の結果、手術の必要がないと判断されたが、クライマックスシリーズの最終ステージに登板できなかったことは記憶に新しいところだ。

菅野は右ひじを痛めたダルビッシュや田中と違って、高校時代は甲子園には出場していない。だが、彼は高校野球界の名門である東海大相模の背番号1を背負ったエースだった。当時から140キロを優に超えるストレートを武器に、ドラフトリストにも名前の挙がったピッチャーだったし、おまけに伯父さんが巨人監督の原辰徳さんである。注目されないわけがない。

他校から、「東海大相模の菅野と勝負したい」と練習試合を多数申し込まれたことだろう。しかも菅野が登板するとなったら、練習試合とはいえ、相手校だって目の色を変えて勝負に挑んできたはずだ。

事実、東海大相模クラスの強豪校ともなれば、全国から招待試合という名目で週末は全国いろいろなところに移動してダブルヘッダー、あるいはトリプルヘッダーといった複数の練習試合をこなしている。

もちろん2試合、3試合連続で菅野が投げることはないにしても、週末には必ず試合で投げて、平日はブルペンで数十球、数百球も投げていれば、とんでもない球数になるし、これだけでも十分、ひじや肩の疲労につながってくる。

身体の発育途上にある高校時代に、これだけの球数を投げることが、私にはよいとは思えない。もちろん技術の習得も大事だが、それなら小学校から高校までの間は、せめて普段の練習時から球数制限を設けておく必要があるのではないか。

日本高野連は、甲子園に出場した選手については、整形外科医や理学療法士などによるメディカルチェックを行なっているが、全国の地方予選はもちろんのこと、日ごろの練習時におけるこうした点については、まったく関知していない。

子どもたちの身体のことを考えたら、高野連が率先して、「練習では毎週この球数にしなさい」とルールをつくったっていいのではないかと思う。それで故障者が減少するかはわからないが、少なくとも、投げすぎを予防させるストッパー的な役割は果たせるのではないかと考えている。

甲子園の出場登録選手の人数を今より増やすべき

その点でいえばもうひとつ、高校野球に申し上げたいことがある。

「教育の一環」を旗印に、春夏の甲子園大会、そしてそこに出場するための都道府県予選を開催しているのであれば、甲子園ならば18人、都道府県予選ならば20人しかベンチ入りできないのはなぜなのか。この点は大いに疑問がある。

昔から甲子園では、ひとりのエースピッチャーが1回戦から決勝戦までの5〜6試合を投げ続けることをよしとしてきた。そして連投することを厭《いと》わないピッチャーに感動し、それで負けたとしても、「敗れて悔いなし」、「さわやかに散る」などと、マスコミが美談として扱ってきた。

だが、私から言わせればこんな考え方はナンセンスだ。「高校野球は教育の一環」なのであれば、ピッチャーの起用はローテーション制にするために「前の試合から中2日あけないと、次の試合では投げてはいけない」とか、球数制限を設けるなどのルールをつくるべきだ。

また、野手だって、同じメンバーばかり出場するのではなく、控えの選手がスタメンに名を連ねるようなルールづくりを、高野連はすべきだ。それで敗退したって、教育の一環であるならそれは仕方のないことではないだろうか。

だが、現実は違う。ローテーション制にせず、球数制限だってしていない。一応、大会前にドクターが代表校のピッチャーの肩やひじのメディカルチェックをするものの、登板をストップさせたという話なんて一度も耳にしたことがない。

野手だってレギュラーの選手が出続けて、多少の故障があっても、監督に申告することなく試合出場を優先する。これでどうして教育の一環などと言えようか。大きな矛盾が生じてしまっているのが現実だ。

日本のプロ野球の一軍メンバーですら28人が登録されている。つまり、登録メンバーの人数さえ増やせば、問題はクリアされると、私は考えている。

そしてもうひとつ、「ひとりのピッチャーが炎天下で、力投して勝ち抜いていく姿に感動する」という価値観をあらためることも必要だ。日本人の美学ともいうべき価値観だが、この点をあらためないと、「ひとりのピッチャーを酷使させる」という現実は間違いなく、なくなりはしないだろう。

ただし、こう言うと、「それは選手層の厚い私立の強豪校だからできることだ」と反論する方がいらっしゃるかもしれない。この点については私もその通りだと思う。

そもそも、私立の強豪校と部員を9人集めるのがやっとという無名の高校を同じ土俵で勝負させることに、どうしたって無理があるのだ。強豪校から無名校までいくつかにランク分けして、そこに属した同士で対戦させたっていいだろう。

ただ、そうすると都道府県代表の部分が消えてしまうという問題も含まれてしまうが、教育の一環として考えるのであれば、こうした発想をしてみたっておかしな話ではない。

この章の冒頭で、「高校野球の甲子園大会はなくすべきではない」と言ったが、出場選手の登録人数を増やすだけでも、今抱えている問題点はずいぶん解消されるのではないだろうか。

日本の高校野球はメジャーの1Aレベル

日本の高校野球、なかでも無名校ではなく、いわゆる名門校といわれるレベルの高校に限ってという条件はつくが、メジャーリーグを基準にしたとき、どのあたりのレベルまで到達しているかといえば、1A程度の実力はあると思っている。メジャーで1Aといえば、身体能力は高いものの、技術はまだまだトップに及ばない、そんな位置にある。

日本の高校球児はチームプレーやバッティング、守備の基礎技術はもちろん、何よりも

「甲子園」に出場するために、短期間のトーナメント戦を勝ち抜くためのさまざまな技術を身につけている。身体能力だけを見れば、外国人選手のほうが上だが、こと高校生時点での選手としての完成度を見れば、日本の高校球児のほうに一日の長がある。

だが、そこからメジャーまではい上がれるのはどのくらいかと言われれば、正直なところ、ピッチャー以外は難しいというのが正直なところだ。バッティングでは日本とは違ってボールは飛ばないし、何よりも内野手は絶望的なくらい無理だと言ってもいい。

日本人の内野手が、メジャーのレベルの選手に到達するには、「身長190センチ・体重100キロ」の体格を持つことが、まず前提となる。それに加えて肩の強さ、高い脚力といった、ずば抜けた身体能力も求められる。

理想とするならば、ボストン・レッドソックスの三塁手であるパブロ・サンドバルだ。彼はバッティングの技術だけでなく、守備面においても相当レベルが高い。とくに目を見張るのは三塁からの送球だ。どんなにボテボテの当たりでも素早くダッシュして捕球し、矢のようなボールを投げてアウトにする。見ていて「すごい！」と思わず唸ってしまう魅力が、彼のプレーにはある。

日本のプロ野球を見る限りでは、「外国人選手は、あまり守備がうまくない」とお思いの方もいらっしゃるかもしれないが、実はこれが大きな間違いなのだ。

私も実際にメッツでプレーした1年間で、アメリカ人選手や、中南米の選手たちのうまさを知って、驚かされた。ステップの速さ、身体のキレ、さまざまな体勢からいとも簡単に送球できる身体能力。「日本に来ていた外国人の内野手はメジャーリーガーではなかったんだな」と気づかされた。

日本人が内野手としてメジャーを目指すのであれば、子どもの頃から身体を強くすることを薦めたい。技術の習得は、ある程度身体ができあがってからいくらでもできる。だが、いろんな動きができるようになるには、小さいうちから鍛えておくのに越したことはない。

ステップのリズム、リストや肩の強さ、さまざまな体勢から送球できる身体バランス。メジャー選手と日本人選手を比べると、持って生まれた身体能力の差を否応なしに感じてしまう。ある程度、身体ができあがってからその差を埋めようとウエイトトレーニングに励んだりしても、簡単に埋まるものではないはずだ。

守備はピッチングと同じで、反復練習が重要だが、一度形ができてしまうと、修正するのは容易ではない。メジャーの守備のよい点も見習い、日本でも練習に取り入れるべきではないか。今はちょうどその時期にさしかかっているのだと思う。

第六章　メジャーで通用するために必要なスキル

メジャーで通用するNPBの投手とは

ダルビッシュや田中、今年の8月、オリオールズ戦で日本人ピッチャーとして14年ぶりふたり目のノーヒット・ノーランを達成した岩隈久志（シアトル・マリナーズ）のように、メジャーで活躍している日本人投手が増えてきたのは、喜ばしい限りだ。私もさまざまなメディア媒体で、「どういった特徴を持った日本人ピッチャーだったら、アメリカでも通用するんですか?」と質問されることがある。

だが、この点については、「日本の12球団で一軍にいる投手は成功する」と答えている。90マイル（145キロ）の球速と、コントロールできる2種類の変化球をもち、とりわけチームの勝敗をより強く背負って投げているエース格の投手ならばなおよい。

これには理由がある。ひとつはコントロールのよさ、もうひとつは球種の豊富さが重要だ。

メジャーの試合を見ていると、アメリカ人であれ、中南米出身の選手であれ、きめ細かいコントロールで勝負するよりも、ボールの勢いでバッターを空振りさせる、あるいは打ち損じさせるといった傾向が見てとれる。反対にコントロールのよさで勝負しているピッチャーもいるにはいるが、全体的に見るとそれほど多くはない。

ダルビッシュや田中、岩隈らは150キロ前後のストレートといったパワー勝負ではなく、コントロールとウイニングショットとなる絶対的な決め球を駆使してメジャーの並み居る強打者を手玉にとってきた。その結果、ダルビッシュは2013年のシーズンは最多奪三振のタイトル（277個）を獲り、岩隈も昨年はメジャーに移籍してからキャリアハイとなる15勝を挙げた。

そして「オレはこういうピッチングがしたいんだ」とキャッチャーとコミュニケーションをとってきちんと話し合えるかどうか、これも重要である。かつてレンジャーズのベンチ内でダルビッシュとアンソニー・ジョン・ピアジンスキー（現・アトランタ・ブレーブス）が口論している姿が、映像で映し出されたが、私は特段珍しいことではなく、むしろこのように議論することも必要だと思っている。

キャッチャーの立場であれば、「こういう球種を多く投げていこう」と主張するだろうし、ピッチャーだって、「オレはこういうタイプだから、このボールで勝負していきたい」と返したっておかしなことではない。とくにダルビッシュは、「打たれたらピッチャーであるオレの責任」と考えているだろうから、自己主張が強くなるのはむしろ当然といってもよいだろう。

それらを踏まえ、メジャーに挑戦して成功しそうな日本人投手の名前を挙げると、オリックスの金子千尋はもとより、広島の前田健太、西武の岸孝之、巨人の菅野智之、阪神の藤浪晋太郎、日本ハムの大谷翔平、楽天の則本昂大らも同様に通用すると見ている。とくに前田や岸のスローカーブはメジャーのバッターもタイミングを狂わされて、強力な武器となるだろう。

ただし、スライダーは危ない。これはピッチャーのひじに負担がかかるからとか、そういった身体的な理由からではない。メジャーのバッターはリーチが長いうえに、大きく踏み込んでスイングするタイプが多い。だからストライクになるスライダーを投げたら、痛打される危険性が高くなる。

そこで、ドジャースやレッドソックスなどで活躍した斎藤隆（現・東北楽天ゴールデンイーグルス）のように、スライダーを投げるとしたらストライクからボールになるように投げなくてはならない。その点さえ間違えなければ、抑える確率はグンと高くなる。

大谷はメジャーではピッチャーとしての能力を評価されている

若手選手のなかでは、高卒でプロの世界に飛び込んできた大谷翔平と藤浪晋太郎の今後には期待している。とくに大谷の持っているポテンシャルの高さは、高校時代から目を引くものがあったが、それが本物であることが、プロ入りしてから今年までの3年間の活躍で証明されたと言ってもよい。

ただし、大谷がメジャーで果たすべきポジションはピッチャーだ。今の大谷を見ていて感じるのだが、彼のバッティング技術はたしかに巧いけれども、すごさはない。二刀流を批判するつもりはないが、今年の彼はバッターよりもピッチャーとしてのコンディションづくりを優先しているのだろう。

ピッチャーとしては何よりも、160キロを超えるストレートが魅力だ。並み居るメジャーのピッチャーのなかでも、これだけのスピードボールを投げられるのはそうはいない。

しかし、バッターとなれば話は別だ。大谷クラスのバッターは、メジャーに行けばゴロゴロいる。「パワーはないが、巧さがあってミート力がある」だけなら、メジャーのスカウトは興味を示さないだろう。大谷が松井秀喜クラスのパワーとスイングスピードがあるなら評価は違ってくるだろうが、今の彼に松井クラスのバッターになることを期待してはいけない。

私は横浜時代の2000年から01年まで、清原和博、高橋由伸、清水隆行、仁志敏久、二岡智宏、江藤智らが揃った巨人の重量打線と対決したことがあるが、なかでも松井の迫力は飛び抜けていた。彼自身、「ホームランを打つのが仕事だ」と考えていたフシがあったようだが、私以外の投手陣もどうやって抑えるか、頭を悩ませていたものだ。

実際、私も横浜スタジアムで松井にライト方向にドでかい場外ホームランを打たれたし、引っ張ったラインドライブを描く打球が多かったので、必然的にアウトコース中心の勝負にならざるを得なかった。

けれども大谷のバッティングを見ている限り、彼にはそうした迫力はない。「ほう、巧いな」と感心することはあるものの、「コイツ、すごいな」と呆れるほどの迫力まではない。とくに今年は打てていない。甘いボールを見逃したり、打ち損じてファールになって追い込まれ、高めのストレートや落ちる変化球を空振りする。

バッティングが不振になってしまったのは、これまで以上にピッチャーとしての地位が向上したためだ。今季はオールスター前の前半で登板中に足がつるなどして4度、身体の問題で交代している。リーグの首位争いのためにも、エースの離脱はあってはならない。ピッチャー以外での出場機会が減り、首脳陣からバッティング練習を休むように指示された時期もあった。

だが、日本では二刀流で行けるところまで行ってほしい。今まで誰も成し遂げられなかったことができるのではないか。彼にはそれを期待させられるだけの実力と雰囲気がある。

さらに言えば、大谷にはプロのピッチャーとして、もっともっと経験を積んでほしい。ここでいう経験とは、「すごいバッターだな」と思える強打者とどれだけ多く戦ってきたかに尽きる。

多くの場数、そして修羅場を経験し、乗り越えられたとき、大谷はダルビッシュや田中と同等か、それ以上のピッチャーになれる可能性を秘めている。それだけに打たれることもまた勉強と、謙虚な姿勢で幾多の試練に立ち向かってほしいと願うばかりだ。

バッテリー間で「呼吸が合う」とはどういうことか

最近は日本でもキャッチャーの配球について議論されることがあるが、私はキャッチャーの配球通りに投げるのではなく、自分の投げたいボールを投げるようにしていた。ただ、キャッチャーがピッチャーのよさを引き出すということは大いにあり得るので、すべてを預けられるキャッチャーであれば、配球をまかせていたかもしれない。これはメジャーのキャッチャーでも同じことだ。

よく相性のいいバッテリーのことを「呼吸が合う」というが、これはキャッチャーがよどみなくサインを出して、ピッチャーがそれを受け入れられるかどうかということだ。

キャッチャーが「次はこのボールだ」と要求してきたことに対し、「ああ、次はそれね」とピッチャーが応じられるかどうかが大切であり、「えっ、そのボール？」となってはいけない。そのためには普段からキャッチャーが「オレの考えはこうだ」とピッチャーとコミュニケーションがとれているかどうかが重要なのだ。

ロッテ時代、私が呼吸が合うと思ったのは定詰雅彦だった。私より1年あとに社会人野球の新日鉄広畑から入団してきた彼は、サインを出すときに、「今からサインを出しますよ」という間をつくり、「何を投げたらいいの？」とピッチャーである私が前のめりになってサインを確認しようとのぞき込んだときに、タイミングよくサインを出してくれた。「よし、そのボールを投げればいいんだな」という気にさせてくれたという点では、阿吽《あうん》の呼吸が合った最高のキャッチャーだったのだ。

それとは反対に、自信なさげに、迷いながらサインを出すキャッチャーはダメだ。「真っすぐでいいんですよね？」とおそるおそるサインを出すようなキャッチャーだと、「おいおい、しっかりしてくれよ」とピッチャーはまるで信用しなくなってしまう。いいキャッチャーと悪いキャッチャーの差は、そういうところに表れてくるのだ。

こう言うと、「配球は関係ないのか?」と思う方がいるかもしれないが、配球は投げるほう、つまりピッチャーの責任だ。キャッチャーから出されたサイン通りに投げなければいけない理由はない。

たとえば、「アウトコースのストレートでストライクをとりましょう」というサインが、キャッチャーから出たとする。だが、そのサインに納得いかずに、「どうしてこの場面でストレートのストライクを投げなくちゃいけないんだよ」と思ったら、ストレートは投げるものの、あえてボール球を投げる。

「何か嫌だな」と感じたときに、その通りに投げて打たれたら元も子もないので、あえてボール球を投げるという選択をしていたのだ。そしてイニングが終了したあと、ベンチに帰ってからキャッチャーを呼んで、配球について確認しあうという作業を幾度となく繰り返していた。

キャッチャーは使い続けなければ育たないポジション

キャッチャーは経験がものをいうポジションだから、経験不足の若いキャッチャーだと呼吸が合わないのは致し方ない部分もあるし、なかにはボールを受けるだけで精いっぱいになってしまうキャッチャーもいる。そのことを差し引いても呼吸が合うと思ったのは定詰であり、「コイツ、すごいな」と思ったのは、横浜時代の谷繁元信（現・中日ドラゴンズ）である。

彼からは「ここは今日一番の勝負どころだからな」というのが、会話がないにもかかわらず、構えとサインだけでしっかり伝わってきた。そのうえ、「今日はこの球種がいいですよ」、「今日は全体的にボールのキレが今ひとつですね」と的確にアドバイスをくれたので、「それなら今日はこんな感じで投げていこう」とプランを立てながら試合に臨んでいくことができた。

私が横浜にFA移籍したとき、谷繁は30歳手前だったが、高卒から起用され続けてキャリアは十分積んでいた。しかも98年にはリーグ優勝、そして日本一も経験している。数々の修羅場を乗り越えてきたという自負が、リードからキャッチングにいたるまでのすべての面に表れていた。

繰り返しになるが、キャッチャーは使い続けなければ育たないポジションなので、うまくなるには試合で経験を積む以外にない。これはメジャーでも同様のことがいえる。

ただ、日本と違うのは、メジャーのキャッチャーは打てるということだ。日本のように守りさえしっかりしていればいいというキャッチャーはいない。ソフトバンクからシアトル・マリナーズにFA移籍した城島健司は、打撃面も評価されていた。その点を考えると、昔の日本のキャッチャーのように守れるだけでは、メジャーに挑戦するのは難しい。

メッツ時代、キャッチャーだったマイク・ピアザは、強打のキャッチャーとして鳴らしたし、現役の選手ではゴールドグラブ賞を7年連続で獲得しているセントルイス・カージナルスのヤディアー・モリーナや、サンフランシスコ・ジャイアンツのバスター・ポージーの名前が挙げられる。

彼らを見ていると、強肩だけでなく、打てることも優れたキャッチャーの必須条件になっていると、あらためて考えさせられる。もし、日本のキャッチャーがメジャーに挑戦したいというのなら、インサイドワークのよさ、強肩であること、バッティングもいいと、すべてにおいてハイレベルでないと難しいと断言できる。

さらにポジション上、ピッチャーと密にコミュニケーションをとらなければならないため、言葉の問題も挙げられるが、聞いたことが理解できれば心配することはない。相手に伝えたいことがあったとしても、単語をつなぎ合わせて、相手も理解しようとしてくれれば一応の会話は成立する。

私とバッテリーを組んだピアザは、ロサンゼルス・ドジャース時代、野茂英雄とバッテリーを組んでいたこともあり、また大の日本びいきでもあったので、言葉の壁はほとんどなく、むしろスムーズだった。また、控えのキャッチャーでバンス・ウィルソンという選手がいたが、一緒にいた通訳がウィルソンと同い齢という共通点があったので、普段からコミュニケーションがとれて、ピアザのときよりもいいピッチングができていた。

ただし、ピアザの場合は、キャッチングとスローイングに難があったため、ピッチャー側が気を使わなければならない場面が多々あった。ランナーが一塁に出ると、走られたくないという気持があるためか、どうしてもストレート系のボールを多く要求してくる傾向にあったので、「ああ、またか」と思いつつも、密にコミュニケーションをとっていたので、こちらがイライラするということは少なかった。

日本人内野手がメジャーで通用するのは難しい

今、日本のプロ野球で活躍している内野手で、メジャーで通用しそうな選手がいるかと聞かれれば、正直なところわからないというのが本音だ。ロッテ時代の同僚だった西岡剛（現・阪神タイガース）がミネソタ・ツインズにポスティング移籍した際、彼の持っている身体能力の高さを考えてどこまで通用するのだろうと注目していた。

だが、開幕して間もない頃に、セカンドベース上の接触プレーでケガをしたのがすべてだった。これによってライバルにポジションを奪われ、彼が再びメジャーの舞台で活躍することはなかった。西岡のポテンシャルを持ってしても、メジャーで通用しなかったことを考えると、日本人内野手は厳しいという見方になってしまう。

たとえば広島の菊池涼介にしても、「捕る」技術だけを見ればメジャーでも通用するだろうが、ここに「投げる」技術を加えると疑問符がつく。なぜなら日本よりやや大きい、滑るメジャーの公認球に対応しなければならないからだ。

ボールの対応はピッチャーだけではなく、内野手にだって同じことがいえる。ボールが滑るから、どうしても強く握らざるを得ない。そうするとファーストに正確に送球するのが容易ではない。間違ってほしくないのは、「遠くに山なりに投げる」ことが重要なのではなく、「速くて低いボールを投げる」ことが重要であるということだ。これは持って生まれた能力によるところが大きいのだが、メジャーの内野手はみな、速くて低いボールが投げられるからこそ、レギュラーとして試合に出続けることができる。

それに加えて日本の人工芝とメジャーの天然芝の違いも大きい。人工芝だと、待って捕っても一塁でバッターランナーをアウトにできるが、天然芝だと、待って捕ったらほぼ100%の確率でセーフになってしまう。そこで一歩前に出て捕ろうとするが、規則正しくボールが転がる人工芝に比べて、不規則に転がるメジャーの天然芝だと、ファンブルする可能性が高くなる。

さらに、逆シングルやグラブトスなど、基本以外のテクニックとされるプレーは、試合中にとっさにやろうとしても成功するものではない。日本人選手は小学生の頃から「基本は正面で捕ること」と教わってきているので、メジャーリーガーたちと比べて、あまりうまくないというのが、メジャーの一致した見方である。

もちろん、他のメジャーリーガーたちだって、初めから逆シングルやグラブトスができたわけではない。野球少年だった頃、友達とグラウンドでノックを打ったりしているなかで、柔らかいグラブさばきを身につけることができたのだと、聞いたことがある。試合前の守備練習の際にグラブトスや、ジャンピングスローをしているが、これもテクニックを磨くひとつの方法だろう。

どんな名選手であろうと、練習していない技術をいきなり試合で披露することはできない。当然、基本をマスターしていなければ、プレーが雑になってしまうし、逆シングルでキャッチするためには、逆シングルの練習をするしかない。

日本でも高校生以上になったら、積極的に逆シングルやグラブトスの練習をしてもいいのではないだろうか。メジャーの内野手の守備を見るたびに、私はそう感じている。

イチローや青木に見る、日本人外野手が成功する法則とは

外野手の場合だと、イチロー（マイアミ・マーリンズ）や松井、最近だとサンフランシスコ・ジャイアンツの青木宣親と、比較的成功しているプレーヤーが多い。イチローと青木に共通しているのは、シュアなバッティングと走力があることだ。ふたりとも、日本にいたときには、最多安打と盗塁王を同一シーズンに獲得したという共通点もある。（イチローはオリックス時代の１９９５年に、１７９安打で最多安打、49盗塁で盗塁王。青木はヤクルト時代の２００６年に１９２安打で最多安打、41盗塁で盗塁王）

だが、日本時代にパワーヒッターで鳴らしたバッターはどうかといえば、疑問が残る。巨人時代、日本を代表するホームランバッターだった松井でさえ、メジャー移籍後は、ニューヨーク・ヤンキース時代に放った1シーズン通じての最多本塁打数は、２００４年の31本が最高の数字となっている。

日本でも若き大砲として期待されている日本ハムの中田翔や横浜ＤｅＮＡの筒香嘉智、２０１０年にホームラン王に輝いたオリックスのＴ－岡田など、外野手でホームランバッターの選手はいるにはいるが、距離で勝負しようとすれば、間違いなく他のメジャーリー

ガーの足元にも及ばない。

日本のように素直なストレートを投げるフォーシーム系のピッチャーではなく、手元で変化するツーシーム系のピッチャーが多いメジャーの場合、まずは正確にバットの芯でボールを捉えるバッティングが最優先される。そうなるとパワーよりも確実性の高いバッターのほうが成功する確率は高くなるはずだ。

清宮幸太郎は松井クラスのバッターになれる逸材

今年の夏の甲子園は、早稲田実業の1年生スラッガー・清宮幸太郎が注目された。ラグビートップリーグのヤマハ発動機・清宮克幸監督の長男という知名度に加え、世界一となった中学1年時に、アメリカのメディアが〝和製ベーブ・ルース〟と評した話題の選手で、彼が高校に入学し、春の東京大会の予選に出場したときから注目を集めた。

そして夏の西東京大会の東海大菅生との決勝戦では、2万8000人の大観衆を集め、0対5の8回に8点を奪う奇跡的な逆転勝利で甲子園の切符をつかんだ。追い上げるにつれ、神宮球場内は早実への大声援となり、「清宮効果」を伝えるメディアも多数あった。

予選では全6試合でヒットを打ち、打率5割でチームトップの10打点。甲子園では1回戦から準決勝までの5試合すべてでヒットを放ち、19打数9安打の打率4割7分4厘、2本塁打、8打点という数字を残し、1年時の成績としてはPL学園時代の清原和博（23打数7安打の打率3割4厘、1本塁打、5打点）を上回るほどの好成績だった。

勝負強さは父親譲りで、どんな状況でも物怖じしない。そのうえ今のフィーバーも冷静に受け止めている。

「声援が自分の力になっている。決してマイナスではなく、モチベーションになっている部分が大きいんです。注目されてナンボだと思っています」

そのうえ、話題先行であることも自覚しているが、強心臓なのは今に始まったことではない。私は彼の父親と親交が深いので、幸太郎のことは幼少期から知っているのだが、彼には早稲田実業の初等部時代にこんなエピソードがある。

初等部には制服があって、白い帽子を被って半ズボンをはき、ランドセルを背負わなければならないのだが、清宮は小学6年生の時点で身長が180センチ以上あった。想像していただくとおわかりかと思うが、とても普通の小学生には見えないのだ。彼は通学のときのバスと電車のなかで乗り合わせた人たちから奇異の目を向けられていたそうだが、このことがたまらなく辛かったというのだ。

そして小学校を卒業し、中学に上がって学生服を着たとき、彼はしみじみこう言った。

「これで恥ずかしい思いをしなくて済みます」

野球ではなく、通学で苦労したことによって、「注目される」ことにはある意味で慣れている。

唯一の心配は、自分の知らないすごい選手と遭遇したときに、どう対応するかということだ。一年生ながら甲子園に出場したことで、全国の高校球児から、「清宮を抑える」とターゲットにされてしまった。「上には上がいる」ということを知って、どう乗り越えていくのかと注目している。

現時点で高校通算15本塁打を放ち、甲子園ではベスト4まで勝ち抜いた。彼は将来の松井レベルの逸材になれる選手であるのは間違いないし、メジャーでバリバリ活躍できる可能性を秘めている。高校でのあと2年間、どのくらい成長するか楽しみだ。

牛島さんから教わったプロの技術と心構え

以前、「長く現役を続けるにはタフな肉体と精神力がなければダメなんですか?」と聞かれたことがあるが、そんなことはない。どんなにタフな肉体でも、年齢を重ねてくれば必ず衰えてくるものだし、肉体が衰えてくれば、「ああ、オレもそろそろ終わりかな」と精神的にも弱気になってくるものだ。むしろ、故障やそれを予防する知識、コンディションの調整法など、いかにうまく肉体管理ができているかが重要なのである。

私はルーキーの年から牛島和彦さんのカバン持ちのようなことをして、牛島さんからプロで生き抜くためのイロハを学ぼうとしていた。私がロッテに入団したとき、早稲田ＯＢのメディアの先輩方や、スポーツメーカーの人たちなどから、「何か困ったことがあったら牛島さんに相談すれば勉強になると思うよ」とアドバイスをもらっていた。

私が入団した当時の牛島さんは、肩の痛みと闘っていた。浪商（現・大阪体育大学浪商）高時代は高校3年時の79年に春夏甲子園に出場し、その年のドラフト1位で中日に入団、その後はリリーフとして１９８２年のセ・リーグ優勝に貢献し、87年にロッテに移籍してからは先発として活躍されていた。

牛島さんからは技術と心構えの両方を教わった。技術的なことで言えば、「どうしてオレのボールが打たれないかわかるか?」と聞かれたので、「狙ったところにコントロールできているからです」と答えると、「そんなことじゃダメ」という答えが返ってきた。

私はボールが自分の手から離れてからのことばかり話していたが、牛島さんは違った。

「ボールが手から離れたあとは何もできない。『打たれたらどうしよう』と考えるのではなくて、手から離れる前に、打たれないようにどれだけ自分の仕事をしたかが大切なんだ」

打たれないための仕事、努力のなかには、バッターの反応を常に追いかける姿勢があり、その習慣が効率のいい技術練習につながっていく。当時の私には思いもよらぬ発想で、まさに目から鱗《うろこ》が落ちる思いだった。

さらに心構えでは、「寝ずに頑張れるか。寝なきゃ頑張れないようなヤツは、所詮その程度だ」ということ。牛島さんは中日時代、抑えだった82年にリーグ優勝しているが、巨人と激しいデッドヒートを演じていた最中は緊張のために安眠できなかった。それでも試合は続いていくので、そんななかでどうやって力を発揮していくか、四六時中考えていたというのだ。

理不尽な話のように聞こえるかもしれないが、どんな状況でもプロとして与えられた仕事は全うしなければならない。そう考えたら歯を食いしばって野球に懸命に取り組むのはもちろんのこと、ピッチングについてもっともっと追究していかなければならない。そう思わせてくれた牛島さんは、今でも私の恩人である。

「努力する才能」があることで、人は成長していく

プロ野球に入ってくる人間は、みんな才能がある。高校生であれ、大学生であれ、その

才能をプロのスカウトが見出して、ドラフトで指名しているのだから、キラリと光るダイヤモンドの原石のような何かをみんな持ち合わせているのだと思う。

ただし、その才能をどう活かしていくかは、個々の問題となってくる。これはプロの世界に入ってから知ったことだが、「野球でメシが食える」ことだけで満足してしまっているプロ野球選手がそこらじゅうにゴロゴロいるのだ。私からすれば、本当にもったいないことだとしきりに思ったものだ。

プロ入り前、当時ロッテのスカウトだった醍醐猛夫さんから、「君はプロに入ったら細く長くやりたいのか？　それとも太く短くやりたいのか？」と聞かれたので、「あっという間に散ってもいいので、太く短くがいいです」と答えた。醍醐さんは、「そう、その心構えが大切なんだ」と笑顔で返してくれたが、ロッテに入団して村田兆治さんの背中を見てからは、「オレも頑張れば40歳まで投げられるかもな」と思い直して、40歳までどうやったら現役でいられるかを考えた。

実際に94年に右ひじを故障してからは、いろいろなことを学び、最終的には「雇ってくれるチームがある限り、歯を食いしばって投げ続ける」ことを目標に定めた。

ひとつのことを長く続けるには、どれだけ必死になれるかがポイントとなる。そのために学ぶべき知識と身につけておかなければならない技術があり、その両方を手にして、

「頑張ろう」と努力し続けることで道は開かれる。

今年の8月、50歳を目前に一軍のマウンドに上がった中日の山本昌はその典型だろう。それは私は彼と同級生なのだが、50歳になった今でも、正しい身体の使い方ができている。それはたゆまぬ努力の結果といえば、そのひと言に尽きてしまうが、若い頃に経験したドジャースへの野球留学での経験、鳥取市の「ワールドウィング」で、筋肉の動き、関節の役割、どうやったら瞬発力を引き出せるのか、スムーズに動けるのかなど、肉体のメカニズムについて学んだことなどが大きいのではないかと思う。

反対に、「コイツもっと努力したらすごいピッチャーになれるのにな」と思えた者もいる。ロッテ時代の同僚だった前田幸長だ。彼は福岡第一高で88年に春夏連続で甲子園に出場、夏は準優勝し、この年のドラフト1位でロッテに入団。躍動感のある、きれいなフォームから放たれる球のキレ、スピードはまさに一級品で、当時のスカウト陣の間でも、「高校生のお手本にしたいピッチングフォーム」と評されていた。

だが、彼には大きな欠点があった。それは努力する才能に欠けていたということだ。私は彼が入団した翌年にロッテに入ったが、とにかくボールを持たせれば、なんでもソツなくこなしてしまう。おそらく今までも努力しなくてもすんなりできてしまったのだろう。そのことは私だけでなく、チームメイト全員が気づいていた。

イチローやダルビッシュのように、才能があって努力できる選手であれば、他人がとやかく言うことはないし、放っておいても最高のスキルを手に入れることができる。だが、「コイツが頑張っちゃったら、オレの居場所はなくなるかもな」とある種の危機意識を持たせてくれた面もあった。

才能があって頑張れない選手というのは、見ていてもったいないと思うのと同時に、「コイツが頑張っちゃったら、オレの居場所はなくなるかもな」とある種の危機意識を持たせてくれた面もあった。

私はあるとき、前田に「どうしてもっと頑張らないんだ?」と聞いたことがあるが、「だって頑張る必要なんてないでしょう。できちゃっているんですから」という答えが返ってきて、苦笑いするしかなかった。

だが、前田が練習で頑張らない姿を普段から見ているチームメイトは、試合になって彼が打たれると、「それ見たことか」、「何やってんだよ」と冷ややかな反応しかしなかった。「コイツを勝たせてやりたい」と思うのは、前田ほど才能には恵まれないものの、グラウンド上でいつも必死になって練習に取り組んでいるピッチャーのほうだった。こうしたピッチャーが打たれても、「こんな日もあるさ」、「次は頑張れよ」と励ましてあげたくなるのが人の情というものだ。

それに日ごろから歯を食いしばっている選手は、苦労を苦労と思わない。だが、歯を食いしばった経験のない選手は、歯を食いしばらなければならない場面に遭遇したときに

「もっとやっておけばよかった」と思ってしまうし、そう思った瞬間に敗者となってしまう。つまり、試合の行方を左右するような、勝負どころの場面であっさり打たれてしまうのは、努力しない天才タイプの選手に多いとも言い換えられる。

前田はプロ生活19年間で通算78勝110敗9セーブ12ホールドという成績だった。1シーズンで最も多く勝ったのは、92、93年の9勝で、一度も二桁勝利をおさめたことがなかった。

当時のロッテは低迷期だったとはいえ、彼がもっと努力する人間だったら、通算勝利数は100勝をはるかに超え、最多勝などのタイトルだって獲得できていたに違いない。

「努力することも才能のひとつ」であることを、彼を反面教師にして教えてもらったような気がしている。

高校卒業後、すぐにメジャーに入団するメリットはあるのか

大リーグ機構（MLB）は2013年に、95年9月以降に生まれた海外のアマチュア選手を獲得する場合、その年の5月までに出生証明書やパスポートの写しなどを提出する「事前登録制度」を設けた。

この制度が設けられた背景にあるのは、メジャーでは主に中南米選手の年齢詐称が問題になっていて、その防止策が必要だったと言うこと。しかし、これが日本学生野球憲章のプロアマ規定に抵触してしまっている。国内外のプロ球団は原則として、夏の甲子園大会終了後まで選手との接触を禁じられている。出生証明などの個人情報を取得する行為は「タンパリング（事前交渉）」に当たってしまうので、事実上、高校生を獲得するのは不可能なのだ。

5月下旬には「日本の高校生が卒業と同時に米大リーグに挑戦する道が閉ざされた」との報道も一部で見られたが、アメリカでのプレーを希望する選手にとっては、それほど状況が悪くなったわけではない。

高校3年の12月までに米球団と契約し、卒業と同時にメジャーの傘下でプレーするのは無理でも、翌年の5月までに必要書類を提出して「事前登録」を済ませておけば、毎年6月に行なわれるアメリカのドラフトで指名された若手と同じスタートラインに立つことができるからだ。

仮に本人の意思に反して日本のプロ球団からドラフト指名されても、翌年の3月に交渉権は失効するので、それを待って5月までに必要書類を提出すればメジャー挑戦は可能となる。

それでは、日本のプロ野球を経験せずに、直接アメリカに行くのが得策かと聞かれれば、走攻守において必要なプレーを身につけていれば問題はない。第五章でもふれたが、野球名門校でプレーしていた高校生だと、メジャーの1Aクラスのレベルにはある。そこまでのスキルが身についているのであれば、本人の頑張り次第ということになるだろう。

だが、NPBを経由して行くことだってメリットはある。この場合は自由契約以外となるとFAでの移籍が前提となってしまうが、獲得のために相応のお金を投資しているので、活躍してもらえるようにメジャーの球団も選手を大事に扱う。通訳はつけてくれるだろうし、住環境を含めた生活面だって配慮してくれる。

そうしたことを考えたら、どちらが得かという打算で選択するのではなく、「自分が将来、どういった野球選手になりたいのか」を考えて選択することが大切だ。メジャーの日本人選手に対する評価は、野茂が渡米した20年前とは比較しようがないほど上がっている。それを知ったうえで判断するのが賢明かもしれない。

入団するなら自分が活躍できる可能性の高い球団のほうがよい

ただし、FAでメジャーに挑戦する日本人選手、とりわけピッチャーであれば、入団するチームは選ばなければならない。たとえば先発ピッチャーが移籍を希望したとして、先発5人枠の全員が決まっているチームに入ったところで、チャンスは巡ってくるわけがない。いったい誰と競争するの？　となってしまうのがオチだ。

反対に先発がふたりしか決まっていなくて、残りの3枠を巡って5人ないしは10人で競争するというのであれば、話は別だ。「ひょっとしたら自分にもチャンスがあるかもしれない」と考えるのは当然。こうしたチームへの移籍を検討するべきだ。

こうしたチームだと、あまり強くはないかもしれないが、そこでシーズンを通して、「8勝15敗、200イニング投げた」なんてことになれば、チームとしては高い評価をしてくれる。FAの権利を取得すれば、強いチームに移籍することだって夢ではない。

例えるならば、前者でいえば阪神から07年にヤンキースに移籍した井川慶（現・オリックス・バファローズ）、後者でいえば08年に広島からドジャースに移籍した黒田博樹（現・広島カープ）がそれにあたる。

井川がヤンキースに移籍したとき、先発枠は他に空きがなかった。しかもヤンキースは日本でいう巨人のように常勝を求められるチームだ。すぐに結果を出さなければ居場所はなくなってしまう。井川はキャンプ、オープン戦と続けて結果を残すことができず、マイナーに落とされ、上がるチャンスがなかった。

だが、黒田はドジャースで4年間、先発として十分な結果を残してからヤンキースに移籍した。ヤンキースからすれば、アメリカで実績を残していない未知数の井川と、ドジャースで先発として一定の活躍ができることを証明してみせた黒田とでは、評価がまったく違うことになる。「メジャーでこれだけやった」という実績があったからこそ、黒田には先発枠のひとつを与えた。そして、それに黒田がヤンキースでも3年間、応え続けたのだ。

だからこそ「チャンスがないより、あるチームでプレーしたほうが選手のためになる」と痛感するのだ。これはひと昔前の、日本のアマチュア選手の、「入りたい球団は巨人です」という発想と似ている。

たしかに巨人はメディアでも大々的に取り上げられるし、試合で活躍すればスポーツ紙の一面を飾ることだってある。だが、「巨人に入りたい」と希望しているアマチュア選手が、最初から巨人で通用するレベルにあるのかというと話は別だ。もしそうでなければ、他のチームに入ってレギュラーを目指し、プロの世界で実績をつくってFAの権利を取得してから巨人に移籍するほうが、一軍で活躍できる可能性は高くなる。これは何も巨人に限った話ではなく、メジャーに挑戦することとて同じことだ。憧れのチームに入るのではなく、自分の力を必要としてくれるチームに入って活躍する。そう考えることで、将来の門戸が広がってくるに違いない。

中学生、高校生レベルの英語でも十分通用する

最後に野球以外のことになるが、「メジャーに行くにあたって語学は勉強しておいたほうがいいか？」ということだが、これについては中学、高校で習う英語を勉強しておけば十分だ。

ただ、スラングのようなクセの強い英語や、彼らがジョークを話すときなどは、早口なのでなかなか聞きとれなかった。あとになって、「あのときの会話は……」と説明しに来てくれる若手選手がいて、その話をあらためて聞いて、「おお、そういうことだったのか」と苦笑いしたということは、幾度となくあった。

それに加えて、語学が堪能でない分、ピッチングコーチや仲間たちと密にコミュニケーションをとるのは大切だ。

当時のメッツの本拠地であるシェイ・スタジアムでのヤンキースとの試合で、クローザーのアーマンド・ベニテスが打たれ、急きょ、私が登板することになった。

この試合は終盤で総力戦となり、ヤンキースの打順もかなり入れ替わっていた。私が対戦するバッターの次がピッチャーという打順だったのだが、シェイ・スタジアムのブルペ

ンからは、打順が書いてあるボードが見づらいうえ、リリーフで登板することを突然告げられ、急ピッチで仕上げなくてはならなかったから、ピッチングコーチも私もそのことを知らされていなかった。

そこでベンチで監督のボビーがピアザに、

「次の打順に入っているピッチャーをそのまま打たせるか、代打を出すのか、このバッターを敬遠して様子を見るように、マウンドの小宮山にも伝えなさい」

と指示を出したようだが、ピアザが私に伝えてきたのは、「ガンバッテクダサイ」とたどたどしい日本語でひと言話しただけだった。

私はボビーとピアザがそんな話をしていたとはつゆ知らず、勝負をしに行って、ガツンと打たれてしまい、そのまま試合は負けてしまった。このあと、ボビーが烈火のごとく怒ったのはいうまでもないが、少し時間がたってから、「小宮山、君には悪いことをした」とピアザや打たれたベニテスらが謝りに来てくれたのだ。

私は、「いいよ、いいよ。仕方がないさ」と彼らをねぎらったのだが、試合が混とんとしてくると、自分の考えが及ばない事態に遭遇してしまうことだってある。そんなときに慌てふためかないようにするためにも、普段からコーチやチームメイトらと密にコミュニケーションをとって、不測の事態に備えなければならないと、このときあらためて思い知らされたのである。

第七章

メジャーで過ごした1年間が、私の野球人生に深みを与えてくれた

メジャーのマウンドに立って考えたこと

私がメジャーのマウンドに立ったのは、今から13年前の2002年のシーズンだった。所属先はニューヨーク・メッツ。ロッテ時代の指揮官だったボビー・バレンタインが監督を務めていた。

もしボビーがいなかったら、私はメッツに入団していなかった。それほどまでに彼を信頼していた。私がメジャーの舞台を目指すきっかけになったのも、やはりボビーの存在が大きかった。

思えば高校時代、甲子園とは縁のなさそうな千葉県の新設校に入った私は、メジャーはおろか、プロ野球の世界で飯を食っていくことなど考えもしなかった。無論、それは子どもの頃からそうだった。

「野球で食べていくなんて、できっこないんだから、きちんと勉強して就職しなさい」と言う親。小学生のときに所属していた軟式野球チームでも、プロや全国大会を目指そう、なんて考えている子どもはひとりもいなかった。ただボールを投げて、打って、走って、守る。そのすべてが楽しいから野球続けていた。

子どもの頃から、私のポジションはピッチャー。コントロールがよかったので、大崩れするようなタイプではなく、とにかく投げることが好きだった。

コントロールを身につけたのは、もっと幼い頃だった。千葉県柏市の自宅前の空き地に高さ30センチほどのブロック塀があって、そこでしょっちゅう壁当てをしていた。きちんと塀に当てないと、ボールが塀の向こう側に行ってしまう。そうなると取りに行かないといけない。

初めの頃はそうならないように気をつけるだけだったが、塀にボールをダイレクトに当てるとゴロで、力いっぱいショートバウンドさせるとライナーで跳ね返ってくる。しかも投げた瞬間に、ボールがどこに行くかは決まっている。このことに気づいてから、夢中で壁当てを繰り返した。その結果、コントロールという武器を身につけることができたのだ。

だが、コントロールがよかったからといって、所属していたチームの試合で勝ち続けたかと言われれば話は別だ。私自身、誰にも打てないような剛速球を投げていたわけではないし、そもそも所属していた野球チームのなかには、さらに上のレベルで戦おうなどと大それた考えをしている者はひとりもいなかった。とにかく「投げるのが楽しい」、その一心で野球を続けていたことだけは間違いなかった。

「将来はサラリーマンになる」から一転して、プロ野球の世界に

高校は、創立2年目の新設校に進学した。理由は単純、自宅から歩いて3分という好立地にあったからだ。高校進学ともなれば、自転車はもちろんのこと、バスや電車を利用しての通学するのが当たり前だったが、私は始業ギリギリまで寝ていられるという、なんとも情けない考えで、高校を選択した。

私が中学3年生だったときに夏の大会で、甲子園に出場したのは習志野高校だった。当時、千葉県きっての野球名門校であり、ちょっとばかり腕に自信のある野球少年だったら、「習志野で甲子園を目指そう」と憧れるのだろうが、私は「習志野高校に行きたい」などとは微塵も思わなかった。なにせ中学時代に野球で実績らしい実績は残していない。そんな無名の一選手が名門校に行ったところで、3年間、ボール拾いで終わってしまうのがオチだ。

高校でも野球を続けた私だが、「甲子園に行こう」などと考えている部員は誰ひとりとしていなかった。私も甲子園に行くことなど想像できなかったし、ましてやプロ野球選手になることなんて夢のまた夢だった。

練習にもまったく厳しさはなく、いわば同好会のレベル。授業が終わってから部員が一斉にグラウンドに集まることなどなく、ひとり、またひとりと徐々に増えていくような感じだった。しかもグラウンドはサッカー部など他の運動部と共用しているから、フリーバッティングや外野ノックなどが目いっぱいできるはずもなかった。

制約の多いなかでの練習を余儀なくされ、練習もメリハリがなく、いつの間にか終わるという感じで、その後はみんな着替えて校門前の駄菓子屋で話し込むというパターンが当然のように続いていた。

これが野球名門校ともなれば、練習での厳しさだけでなく、理不尽な上下関係もついて回ってくるものだ。下級生の間は、それに振り回されていくなかで、野球の技術を磨いていくことが当たり前とされていただろう。けれども、私の高校では中学の軟式野球部の延長のような感覚で先輩とも接していたため、伸び伸びと野球をやっていた。

ただ、レベルはといえば、毎年予選に出ては1回戦で負けてしまうようなことはなく、私が2年のときの秋と3年の春には地区予選を勝ち抜き、県大会に出場できる32チームに残るくらいの力はあった。2大会連続で県大会に残ったのは、20校あるかないかだったので、「新設校にしては、なかなかやるじゃないか」という評価はもらっていたと記憶している。だが、3年生最後の夏は初戦で敗退。私の高校野球生活はあっけなく幕を閉じた。

このような環境で野球を続けていたので、私たちの世代の甲子園大会など、どこか他人事のように思えた。私が3年生のときには印旛高校が甲子園に出場したのだが、同じ高校生とは思えない、もっと別の存在の人たちという感覚しかなかったのだ。

この年の大会で印象に残っているのは、ＰＬ学園の1年生コンビ・桑田真澄と清原和博だった。１９８２年の夏、83年の春の甲子園で連覇し、絶対無敵といわれた池田高校を破り、決勝の横浜商業との試合でも臆することなくプレーしている彼らは、まさしく天才と呼ぶにふさわしかった。

それに比べて当時の私ときたら、まさにどこにでもいる普通の高校生。両親からは「足元を見つめて、自分のできることをしっかりやりなさい」と教えられて育ってきたので、「将来はサラリーマンにでもなるか」と堅実な考え方をしていた。

そんな私が二浪を経て早稲田大学に進学して4年間野球を続け、89年のドラフトでロッテから1位指名を受ける。そうして94年の秋にボビーとの出会いがあり、ボビーが解任されたときも、「もう一度、この人と一緒に野球がしたい」と思い、念願叶って２００１年のオフにメッツへの入団が決まった。

このとき私は36歳。99年のオフにＦＡで横浜に移籍した私は、２００1年シーズンは12勝をマークしたものの、プロ野球選手としてピークを過ぎたと見られていた時期でもあった。「来年、どこかでつまずいたら引退もやむを得ない」と考えていたから、最後はメジャーに挑戦してみたいと強く願うようになる。

そう考えていた矢先、メッツの監督だったボビーが私を拾ってくれることになった。念願だったメジャーリーガー。思えば18年前の高校3年生の頃を思い出したら、夢のような話が現実となったことに、ただただ驚くやら自分に感心するやらで、どこか浮ついたような気持ちでメッツ入りが決まった。

「キャンプの雰囲気を存分に楽しめ」、ボビーの言い放った印象に残った言葉

2002年の2月、私はメッツで初めての春季キャンプに参加した。この時期のキャンプには、メジャーの各球団が支配下に置く40人の選手とマイナー契約の招待選手が集まっている。そしてシーズン開幕が迫った2～3日前に、公式戦に出場できる25人枠が決定される一方で、25人枠から外れた選手たちは、マイナーリーグの試合に出場しながら、25人枠の選手との入れ替わりで、メジャーに昇格する機会を待つことになる。

これ以外にも支配下選手の枠に関してはさまざまなルールがあるのだが、ひとまずメジャー1年目の私は、40人枠のメジャー契約をしていたとはいえ、25人の選手枠に入ること

を目標に、調整を続けていくことになった。

キャンプ初日、ボビーは70人近い選手を前にしてこう言った。

「開幕したら、君たちの半分以上はいなくなる。だからこそ、2週間弱のキャンプの雰囲気を存分に楽しむんだ。今の経験は将来絶対に役立つんだから、そのことを覚えておいてほしい」

印象に残る言葉だった。「そうか、開幕したら今のメンバーのほとんどはいなくなるんだな」、私はそのことを肝に銘じて、キャンプをスタートさせることにした。

練習メニューはとにかく日本と違った。全体練習は、「えっ、こんなものでいいの？」という感じで、10時に始まったかと思えば、わずか2時間で終了。あとは個人練習に時間が充てられた。

ブルペンでのピッチングは、たったの12分。球数にして40球くらいなものだろうか。それ以上、投げようものなら、「余計なことをするんじゃないぞ」と、コーチから注意されてしまう。

「メジャーのピッチャーは、キャンプ中に投げ込みを行なわない」というのは、あらかじめ聞かされていたことだが、現実を目の当たりにして、「メジャーって、すごいな」と感心しきりだった。私はピッチングのメカニズムを理解していたし、投げ込みを行なわなくても済む調整法を身につけていたので、メジャーの慣例にしたがって練習メニューを進めていく。

そして投げ込みの代わりに、全体練習後の個人のトレーニング時間にウエイトトレーニングを黙々と続けた。この時期は技術よりも身体を鍛えることに主眼を置いたメニューとなる。上半身を鍛えたら翌日は下半身を、というように、トレーニングのメニューも考えながら行なった。

そうして午後3時には個人練習も終了し、その後はホテルに戻って身体を休めたり、食事をしたりして、10時には就寝。翌朝は6時に起きるという具合に、身体のリズムをつくっていった。

私は当初、「メッツで先発ピッチャーを務めること」を目標に調整していたが、メジャーで経験するあらゆることを、後の野球人生の財産にしようと考えていたので、「日本ではこうやっていた」ということは、一切口にせず、「アメリカではこうやるんだな」と一つひとつ確認しながらプレーした。

初めて経験した中継ぎの苦労

オープン戦が始まる直前にボビーからは、

「君のことは先発ピッチャーと考えているが、初めは中継ぎでいってもらう。ただし、私が決めている先発の5人が、シーズン終了までアクシデントなしでいくとは思えない。誰かがリタイアしたときには先発で頼むぞ」

と言われていたので、私はブルペン待機することになった。だが、私からすれば40人枠はもとより、開幕の25人枠になんとしても入らなければいけないと必死だった。海の向こうから来たアジア人がチームメイトやニューヨークのファンから認められるには、好投して抑えること、それしかなかったからだ。

それにボビーは私をいろいろな場面で試していた。たとえばブルペンでわずか5球しか投げずに登板させたり、他のピッチャーがツーアウトをとったところで急きょ、マウンドに上がってイニングをまたいで起用されたり……。私は、こうした中継ぎの起用法に応えようと必死だった。

だが、先発のように投げる日が決まっていないことがこんなに苦労するものなのかと、身をもって初めて知った。先発であれば、あらかじめ登板日に合わせて調整していけばいいが、中継ぎはいつ登板機会が訪れるのかわからない。そのうえ日本の場合だと、たとえリリーフの登板がなくても、試合の中盤あたりにブルペンで20～30球を投げて、いつでも声がかかったら行けるようにスタンバイしている。

だが、メジャーは違う。ベンチの連絡を受けてから5球から10球投げただけで、マウンドに向かわなければならない。「えっ、次はオレが行くの？」と思いきや、あれあれという感じでブルペンで肩慣らし程度に放ってマウンドに上がるスタイルは、戸惑うばかりで、

「もう少し余裕を持って準備させてくれれば、もっといいパフォーマンスができるのに」

と登板するたびに思った。

しかも私にとってアンラッキーだったことはもうひとつあった。ボビーが起用した5人の先発陣は誰ひとりとしてリタイアすることなく、ローテーションを守り続けていたのだ。チームにとってはよいことではあるが、私は「ひょっとしたら……」と思っていた分、その機会がやってこないことに少々がっかりした。

そうしてシーズン半ばがすぎようとしていた6月30日、私の3A（メッツ傘下のノーフォーク）へのマイナー落ちが決定した。

意外と楽しめたマイナーでの日々

「下では先発として投げてくれ」

3Aへの降格が決まったとき、ボビーからはこう言われた。私は40人枠に入っていたから、扱いとしてはメジャーリーガーのままだったので、調整でマイナーに来ているという感覚が強かったが、マイナー契約をしている選手たちは、40人の枠に入ろうと必死の形相でプレーしていた。

メジャーとマイナーの違いは何かと聞かれたら、とにかく環境すべてがまったく違う世界と答えるしかない。とくに食べ物に関しては驚いた。なにせマイナーのクラブハウスには食べるものがまったくないのだ。

メジャーだったら、「あれを用意しておいて」と言えば、すぐに用意されるのになどと思っても、ここはマイナーであり、メジャーではない。私は自分にそう言い聞かせて、登板に備えて黙々と準備した。

3Aに降格していた1ヵ月弱の間、私は中4日のローテーションで先発を務めた。「やっぱり先発っていいよな」、それが私の率直な感想だった。いいピッチングができたから、ということではない。試合開始時間に合わせて準備して、マウンドに立つことが、とにかく楽に感じたからだ。プロの世界に入ってから、長年しみついたルーティンなので当然といえば当然のことだが、マイナーに来て野球の楽しさを再発見できたのだ。

さらにもうひとつ、マイナーではかつて日本で活躍していた外国人選手と再会できたうえ、後に来日して日本球界に身を置くことになる外国人選手たちとも仲良くなれた。

当時のメッツ傘下の3Aには、マーク・ジョンソン（内野手・99年に阪神に在籍）、トニー・タラスコ（外野手・2000年に阪神に在籍）、ピート・ウォーカー（投手・04年に横浜に在籍）、ペドロ・フェリシアーノ（投手・05年にソフトバンクに在籍）、アンディ・トレーシー（内野手・05年に楽天に在籍）らがいたのだが、彼らの「なんとしてもメジャーに上がるんだ」という気迫と懸命なプレーは、今でも脳裏に残っている。

結局、マイナーでは5試合に先発登板し、2勝負けなし、防御率は0・67。27イニングを投げて失点2、奪三振23を記録し、インターナショナルリーグの最優秀投手に選ばれた。マイナーとはいえ、先発として結果を残し、7月26日にメジャー再昇格となった。

メジャーでの1年を終えて反省したこと

だが昇格後、最初の登板となった7月30日の試合で、1イニングを投げて被安打8、失点7、自責点7と炎上すると、再び降格し、「先発させてくれればボールが投げられるのに」と弱気になってしまっていた。並み居るメジャーの強打者を抑えるための、肝心のメンタルがボロボロだったのだ。

結局、9月1日にまたメジャーに昇格し、8日と11日の試合で3イニングずつ投げ、それがメジャー最後の登板となってしまった。メッツでの成績は25試合に登板し、0勝3敗、防御率5・61という数字が残った。そしてこの年限りで、メッツを退団し、日本に帰国することになった。

当時は「2002年で野球人生は終わるだろう」と考えていたので、メジャーでプレーすることが、自分へのご褒美のような位置づけだった。今思うと、どうしてもっと一生懸命できなかったのだろうかと、この年の1年間を反省している。

中継ぎでの起用を伝えられ、そこで活躍するにはどうすればいいのか、もっと限界まで力を振り絞ってやらなければならなかった。だが、弱気になったり、マイナーで先発したほうがよかったと、ハングリーさに欠けていた。それが私の、メジャーでよい結果を残せなかった原因だった。

　私がメジャーに挑戦したあと、多くの日本人投手がメジャーに挑戦した。日本では先発だったものの、メジャーに行ってからは中継ぎ、抑えに転向したというピッチャーもいた。斎藤隆（横浜－ロサンゼルス・ドジャース－ボストン・レッドソックス－アトランタ・ブレーブス－ミルウォーキー・ブルワーズ－アリゾナ・ダイヤモンドバックス－楽天）、上原浩治（巨人－ボルチモア・オリオールズ－テキサス・レンジャーズ－ボストン・レッドソックス）らはその典型だろう。

　彼らは中継ぎ、抑えになっても与えられたポジションで結果を出そうと必死に取り組んだ。しかも斎藤は私がメッツに移籍したときと同じ36歳、上原は34歳のときにメジャーに挑戦した。30代でアメリカに渡り、与えられた仕事を全うした。

　ふたりとも7年間（上原は15年シーズンを終えるとメジャー通算7年となる）、メジャーの第一線で活躍できたのは、「この地で結果を出さなければ後はない」という危機感があったからに間違いない。この気持ちが私に欠けていた点だったと、今さらながらにして思う。

「これもメジャーなんだよな」、そう思えた出来事

だが、アメリカならではの対決も楽しめた。日本にいたときにテレビの衛星中継でいつも見ていた強打者を目の前にすると、マウンド上で思わず、「フフッ」と笑ってしまった。「オレ、メジャーリーガーと対決しているんだよな」と思うと、嬉しくなってつい口元が緩んでしまうのだ。

地面を切り裂くようなフルスイングをしたときの音、とんでもない打球の飛距離など、「そうそう、そう来なくっちゃ」とワクワクする気持ちも抑えられなかった。「たとえ打たれても、それはそれでいい思い出になる」、そう考えていたのは事実だ。

さらにメジャーの流儀というか、暗黙のルールも身をもって学んだ。フロリダ・マーリンズ戦でエースのアル・ライターがプレストン・ウィルソンに2打席連続ホームランを打たれ、KOされてしまった。そのあと、リリーフ登板した私が同じウィルソンを打席に迎えたとき、インコースに投げたシュートが懐付近に当たってしまったのだ。

私は内心、ただただ申し訳ない気持ちでいっぱいだったのだが、チームメイトの反応は違った。試合が終わったあと、全員が私のところにやってきて、

「グッジョブ‼　これで君はオレたちの仲間だ」

と祝福してくれたのだ。日本ではとても考えられない出来事に、私は苦笑いするしかなかった。

メジャーには「報復の掟」があり、Aチームのピッチャーが、Bチームのバッターにぶつけた場合、そのピッチャーに対して直接に報復したり、そのままマウンドに突進しない代わりに、BチームのピッチャーがAチームのバッターにぶつけてもよい、とあらかじめ聞いていた。

だが、このときはライターが2本ホームランを打たれたことと、キャッチャーのマイク・ピアザが審判に暴言を吐いたことをきっかけに、ピアザとボビーが退場になるという出来事があったが、メッツの攻撃時に誰かがぶつけられたわけではない。

ただひとつだけいえるのは、消化不良の試合展開に、チーム内によどんだ空気が流れていたのは事実だった。そして、私が偶然にも当ててしまったデッドボールを見て、「おお、コイツはやるじゃないか」と、私が状況を察知して、相手バッターにぶつけたのだと、チームメイトが勘違いしてくれたのだ。そして、「君はオレたちの仲間だ」と称賛してくれた。

「ああ、これもメジャーなんだな」

私はそう好意的に受け取ったのだが、今となってはいい思い出だ。チーム成績はナショナルリーグの東地区で75勝86敗、勝率4割6分6厘で5位と低迷した。チームキャプテンのジョン・フランコを中心によいチームだったが、フランコはこの年のシーズンは故障のため、メジャーの舞台で投げることがなかった。

それでも、ジョン・フランコはチームの絶対的な存在として、チームメイトを統率し、時には鼓舞したり、あるいは不振の選手を励ましたりしていた、全員が「少しでも上位に進出したい」という気持ちを持ってプレーしていたのは、間違いなかった。

メジャーに挑戦したい日本人選手は、今すぐにでも行ったほうがいい

メジャーでの1年間を経験して、ひとついえることがある。それは「メジャーに挑戦したい日本人選手は、今すぐにでも行ったほうがいい」ということだ。アメリカに行った者にしかわからない「すごいこと」が日々、経験できる。私自身、アメリカに渡って毎日が新鮮で、「メジャーってすごいな」と思うことばかりで、メッツのユニフォームを着ているだけで幸せと感じていたものだ。

「アメリカはこうやっている」ということを肌で感じ、選手会の役割や選手の待遇、遠征

時の移動の方法、球団経営の方法、代理人の仕事と契約時のシステムなど、野球に関するさまざまな面で日本との違いを数多く経験できたことは、私にとって目に見えない財産となっている。

とくにメジャーではみんな「自分が一番のプレーヤーだ」と思いながらプレーしている。たとえば、「パワーではアイツに劣るが、ミート力はオレのほうが上だ」、「守備力は他の誰よりもオレが抜きんでている」、「走塁には自信があるから、塁に出たら絶対に盗塁を決めてやる」と、己の力を信じ、自分の価値を見失わずにプレーしている。日本以上にハングリーな選手が多いのもまた事実だ。

日本の場合、ドラフトでプロから指名を受けた時点で、満足してしまうような選手もいれば、一軍に上がっただけでよしとしてしまうような選手だっている。しかし、メジャーは違う。ドラフトで指名され、下からはい上がらなければ、いつまでたっても貧乏な暮らしのままだ。

ましてや日本の二軍のように、冷暖房の完備された寮で生活し、練習環境から食事まで、すべてにおいて用意されているというようなことはない。私もマイナー暮らしをして感じたことだが、マイナーでは移動はオンボロのバスに揺られ、食事はハンバーガーという、〝質素を超えた〟生活を余儀なくされる。「えっ、メジャーじゃないと、こんな生活になっちゃうの?」とただただ驚くばかりだった。

「もう二度とこんなところで野球をしたくない」と悔しさを噛み殺しながらバットを振ったりボールを投げたりするからこそ力がつくのであり、そこで諦めたり、潰れたりしなかった人間だけが、スーパースターとなって何億、何十億円という大金を手にすることができる。これも「メジャーリーガーになりたい」という夢を現実化させるための原動力となっているに違いない。

アメリカと日本の違いは何かと聞かれても、体格も、人間的な気質も、ルールもすべてに違いがあり、それをあげつらったところでなんの意味もない。アメリカにはアメリカのよさがあり、日本もまた然《しか》りである。このことだけは決して忘れてはならないことだ。

2009年に現役を引退してから6年が経過したが、今でも時折2002年のシーズンのことを考えることがある。メジャーのマウンドで、もう少しやっておきたかったことを反省しだしたらキリがないが、だからこそこれから先の、未来の時間の使い方をもっと考えなければならないと思っている。

たとえば将来、どこかのチームの監督をやるということになったとき、必要なことはすべて準備しておくべきだと考えている。「チームをまとめるにはどうすればいいのか」というのは、どのチームの監督も考えることだろうが、プロの球団の監督になるのであれば、プロとしての心構えを末端にまで浸透させなければならないし、他の人から見て、「あの球団はすごい」と思わせるようにしないといけない。

そのために日々、情報を収集し、自己研鑽しておくこと。私は強い探求心を持って、さらに野球を追求していきたい。

あとがき

2015年8月15日のトロント・ブルージェイズ戦で、ヤンキースの田中将大が9回を112球、被安打5、失点1で完投勝利をおさめ、28日のアトランタ・ブレーブス戦では7回を投げて勝ち、メジャーの舞台で2年連続二桁勝利を飾った。1年前、ひじの故障でリハビリをしていた頃に比べると、雲泥の差のように思える。

だが、心配がまったくないわけではない。いつひじが壊れるともわからぬなかで、これほどのピッチングを長く続けられるかといえば、その疑念はやはりぬぐいきれない。

一方、今季と来季の夏過ぎまでを、手術後のリハビリ期間としたレンジャーズのダルビッシュ有は、「どこまで自分のひじが強くなるか楽しみ」と語っている。トミー・ジョン手術を受けると、球速が上がり、成績が上がる者さえいるというからこそ、これだけ前向きになれるのだろう。

私はどちらの判断が正解なのかと聞かれれば、ダルビッシュのほうだと答えている。ひじを手術して、正しい治療とリハビリさえ行なえば、「今度、またひじが痛くなったらどうしよう」などとネガティブに考える必要などないからだ。

しかし、田中はそうではない。全力投球して、チームのために勝利を積み重ねていき、そうして無理に無理が重なったとき、「やっぱりあのとき手術をしておけばよかった」という後悔だけは絶対にしてほしくない。

今の彼を見ていて、ひじが再び言うことを聞かなくなったときにはどう対処すればいいのか？　と聞かれれば、そのときに残された解決策は手術しかない。

トミー・ジョン手術は、手術を受けてから1年間でマウンドに復帰しようとすると、再度腱を故障しやすいといわれている。ダルビッシュは今年で29歳、田中は27歳という年齢を考えたら、20代のうちに手術をして、30代、40代と現役生活を長く続けてもらいたい、というのが、彼らに対する私のたっての願いだ。こうした私の考え方は、この先ずっと変わらないだろう。

たとえ、ケガをするかもしれないというリスクを背負ったとしても、メジャーのマウンドは楽しい。私も1年だけだったが、あらためてメジャーのマウンドを経験してよかったと思っている。

その理由は、日本との違いを体感できたことだ。たとえばトレードひとつとっても、日本ではチームへの帰属意識が高いこともあり、初めに入団したチームで現役生活を送るのが理想という感覚がどこかに残っているが、アメリカは違う。収入や起用法など条件のよいチームがあれば、積極的に移籍する。

メジャーには中南米出身の選手も多く活躍していることもあり、「稼ぎに来ている」という感覚から、移籍することでステップアップできると考えているのだろう。だが、日本は違う。チームで活躍していた選手が、球団同士のビジネスでトレードがまとまろうものなら、いまだにマイナスイメージがともなったムードになりがちだ。

メジャーの場合、トレードは立派なビジネスである。たとえば、将来有望な若手選手を育成にたけた監督が試合に起用することでスター選手に育て上げ、高額な移籍金で他球団にトレードする。そんなことがメジャーでは実際にあるし、スター選手がFAになれば、在籍していた球団以上の条件を他の球団が提示することで、そちらに移籍するなんてことは当たり前のことだ。

私にはアメリカ的な考え方に近いところがあるせいか、トレードにしても、また日本人のメジャー移籍にしても、活躍できる可能性が少しでもあるのなら、あるいは挑戦してみる価値があると考えているなら、積極的に動くべきだと思っている。

日本ではイチローや松井ら、スター選手が次々と海を渡り、「日本球界にスターがいなくなった」と悲観する声も一部にはあるが、大谷翔平やソフトバンクの柳田悠岐、ヤクルトの山田哲人ら若きスター候補の選手も続々育ってきているではないか。

ではこうした選手たちも次々とメジャー挑戦したらどうなるか、などとさらなる心配をする方もいらっしゃるかもしれないが、そうなればまた新たなスター選手が育ってくるはずだ。日本のプロ野球には80年の歴史がある。そう簡単にすたれることはない。

現役を終え、いまだに私が実感していることのひとつ、それは「メジャーは素晴らしいところだった」、そのひと言に尽きる。若い選手たちよ、海を渡ってメジャーに挑戦したければ勇気と自信を持って挑んでほしい。たとえ失敗したとしても、同時に得られるものも大きいはずだ。この言葉を本書の最後のメッセージとして送りたい。

2015年　夏の終わりに

小宮山　悟

小宮山　悟　こみやま さとる
1965年千葉県柏市生まれ。野球評論家。芝浦工大柏高から二浪したあと、早大教育学部に入学。1989年ドラフト1位でロッテに入団。2000年にメジャー移籍を視野に入れ、横浜に移籍。02年にはニューヨーク・メッツに移籍し、晴れてメジャーリーガーとなる。しかし1勝も挙げられず、この年限りで自由契約、03年は浪人生活を送って04年にロッテに復帰。引退する09年まで中継ぎとして懸命に投げ続けた。2010年からは野球解説者として活動し、現在はNHK BS1の解説を務める一方で、日刊スポーツで評論活動を展開。通算成績455試合117勝141敗4セーブ、防御率は3.71（NPB）、25試合0勝3敗、防御率は5.61（MLB）。97年最優秀防御率のタイトル獲得。著書に『成功をつかむ24時間の使い方』（ぴあ）、『「まわり道」の効用－画期的「浪人のすすめ」』（講談社）など。

参考文献
『ノーラン・ライアンのピッチャーズバイブル』（ノーラン・ライアン、トム・ハウス／訳・斉藤信太郎、川島英夫／ベースボール・マガジン社　1992）
『ウイニング・ピッチャー　勝つためのピッチング』（トム・ハウス／訳・斉藤信太郎／ベースボール・マガジン社　1995）

日本人投手《にほんじんとうしゅ》がメジャーで故障《こしょう》する理由《りゆう》

2015年9月23日 第1刷発行

著者　小宮山《こみやま》　悟《さとる》

発行者　赤坂了生
発行所　株式会社双葉社
〒東京都新宿区東五軒町3番28号
☎ (03)5261-4818（営業）　☎ (03)5261-4869（編集）
http://www.futabasha.co.jp/
（双葉社の書籍・コミック・ムックが買えます）

印刷所　三晃印刷株式会社
製本所　株式会社若林製本工場

落丁、乱丁の場合は送料双葉社負担でお取り替えいたします。「製作部」宛にお送りください。ただし、古書店で購入したものについてはお取り替えできません。☎ (03)5261-4822（製作部）

ISBN978-4-575-30945-4 C0076